U0035881

AQUARIUS

AQUARIUS

AQUARIUS

Catcher

一如《麥田捕手》的主角，
我們站在危險的崖邊，
抓住每一個跑向懸崖的孩子。
Catcher，是對孩子的一生守護。

梁旅珠
／暢銷親子作家

想在愛前面

成功的教養是給有準備的父母

【推薦序】

當父母是需要學習的

楊錦郁

大家都知道，一個孩子從出生到長大獨立，必須經過長年的學習。孩子的學習養分從家庭、學校和社會而來，而這幾個學習管道，又以家庭教育最重要，也最根本。我們常讚美某些人「家學深厚」，這句話的背後除喻指知識底蘊外，更包含了道德身教，後者是學校教育和社會環境難以提供的。我常跟朋友說，只要父母關心孩子，那麼孩子在學校或社會上受到了委屈，回到家裡，藉由家庭愛的力量，是可以得到調節或修復的。

然而要如何培養「家學」呢？這是為人父母者都要思考的問題。大部分的人結婚之後，自然地會生育，但會生並不表示會養。當了父母後，通常就以自己的成長經驗為標準，繼續用這一套模式教育自己的孩子，譬如我自己從小備受父母的疼愛，父親先進開明，在他眼裡，男孩和女孩完全平等。在愛和自由中長大的我，當了母親之後，給了孩子完全的愛，但我堅守「孩子可以疼，但不能寵」。孩子在擁有豐富的愛和自由的環境下，對學習也會有比較多元的探索；反觀我讀書時的一個摯友，她的家庭環境和我家差不多，但父母情感不睦，我們在雙十年華時，她就跟我說，她以後不想結婚，若結婚後也不要生小孩，因為她預期自己以後的婚姻不幸福，後來也果真如此。所以，「有樣學樣」大抵是每個人當父母的基準，但是這種土法煉鋼的方式，卻很容易造成不開心的祖母教出孤僻的父親；父親再以其道讓兒子在成長過程中失去快樂。這樣的親子關係，雖然也存有愛，只是這樣的愛，讓彼此都得不到溫馨的慰藉。那麼，父母該如何付出他們的愛，才是貼切且合情理的呢？

我以為當父母是需要學習的。

是的，當父母需要學習！因為沒有人天生就會當個好父母。

我自己育有兩個資優的兒子，二十五歲初當人母時，我的床頭放著一本「育嬰大全」，孩子發燒、脹氣、餵副食品時遇到了問題，我就查閱這本書，真正應了「老大照書養」這句話。後來孩子漸漸長大了，遇到許多問題，已非育兒百科等書所能解決，最多能諮詢的是姊姊的看法，因為她的孩子都比我的大。我記得老大從小六開始叛逆，一直「臭」著臉到國中，姊姊對我的勸告只是「忍」；然而除了「忍」之外，是否還有其他的方法可以抒解呢？在本書中，我看到了旅珠針對這個問題，提出中肯且適當的意見，例如父母對青春期的孩子，要先表達讚美和鼓勵；在態度上要「不動怒」及「溫柔的堅持」。這些意見比「忍」更為實際有效。

旅珠在本書中所觸及的孩子教養問題，大都在《聯合報・家庭與婦女版》的專欄談到。專欄刊出時，很受到讀者的喜愛。專欄結束時，還有讀者不斷來信，想要尋求她的協助；也確有一個年輕女性讀者在她的幫助下，順利地推甄上台大，成為她的學妹。

旅珠教導一雙兒女的成功經驗有目共睹，而我也有一對相差八歲、目前皆在台大就讀的兒子，對於教養孩子一些體會，某些時候，我甚至會覺得自己自由和開放的教養觀，似與主流想法格格不入。

然而這樣的我，在閱讀旅珠的專欄時，卻常有「深得我心」的感覺，因為聰慧的她，不但能針對親子之間的問題，給予實在且適性的意見，更常有退一步的開闊建議，讓當事者得以迴身，重新再覓得一條出路。畢竟教養本來就有無限的可能性，從來都不是單一的路。在教育孩子的道路上，如何以愛為前提，讓家長和子女一起學習和成長，這是本書最吸引人之處。

我和旅珠只見過一次面，但卻長期閱讀她的文章。身為寫作者，我知道文字最能展現一個人的真實性情。在她的圖畫，我看到她的才華；在她的文字，我讀到她的聰明、親和、寬廣的視野和包容力，我以為她是一個具有成功特質的人。

繼前幾本教養書之後，旅珠的《想在愛前面——成功的教養是給有準備的父母》，以流暢的敘述，五十四個教養問題，全面地反應了當代社會中，父母和年輕孩子所共同面對的問題。引領讀者如何能夠成為好的父母，成功地教養出快樂幸福的子女。

※本文作者為散文作家、《聯合報・家庭與婦女版》主編）

關於教養，父母千萬不要做的32件事！

1

孩子愛哭鬧，通常就是因為父母會嫌煩妥協，而讓他們達到目的。因此，若確定孩子沒有餓肚子，或病痛不適，當孩子有過度的要求，父母就得堅持淡定，凡是哭鬧，一概不理會，孩子自然會學到有話好好說！

2

一味逼孩子「要勇敢」沒什麼幫助，因為「勇敢」兩個字對小小孩來說太抽象了！孩子真正需要的，其實是從一次又一次的「case study」中，學到未來可以運用的觀念和技巧。

3

關於人際關係，即使是不愉快的經驗，對孩子的人際相處都是學習機會。除非事態有相當的嚴重性，父母最好不要因為急著保護孩子而大驚小怪，更不要動不動就出面幫忙孩子解決問題。

4

與另一半溝通孩子的教養問題時，最好是以商量的方式，而不要用質問、責罵或者抱怨的方式來進行。

5

當另一半教養孩子時，即使自己感到不以為然，也千萬別像電視劇，反而責怪另一半：「你已經講了一個晚上，你要念到什麼時候」之類的。有意見等孩子不在場的時候再嘗試溝通。

6

不能孩子一犯錯，就是嚴厲的處罰，因為孩子會逐漸麻痺而毫不在乎，終究變得逢迎、逃避或叛逆。當然也不能一味的讚美，那就像一直給小孩糖吃，吃多就覺得不甜了。

7

孩子年紀小的時候，打打鬧鬧難免，不過，父母最好不要讓孩子習慣用拳頭解決問題，免得將來孩子在外跟人起衝突，也選擇「動手」解決。

8

若想帶孩子出遠門，又希望大小盡歡，不該在孩子毫無準備的情況下就去「挑戰」，平時就要給孩子適度的訓練，讓孩子逐步適應。

9

帶孩子出國，千萬不要貪心一次看太多，或對孩子期待過高，希望孩子一定要吸收到多少知識，因為文化素養無法填鴨，靠的是長時間的薰陶。

10

孩子開始上學後，父母的確該用心了解孩子在學校的人際狀況。不過，除非事態有相當的嚴重性，轉學並不是好的處理方式，因為這麼做，就像是孩子一碰到不投緣的老師，父母就急著幫孩子轉班、轉學一樣。

11

「規矩」一再的不被遵守就不叫規矩了。只要是合情合理的規範與要求，父母說一就不二，才有辦法建立威信。

12

一個人責任感的培養，的確需要從尊重體制開始。所以父母不該讓孩子一不想上課，就「派」父母打電話去學校假稱生病或有事。

13

孩子的成長過程，最理想的狀況當然是跟父母都生活在一起。不要小看任何階段長時間的「缺席」，對家人間可能造成的影響。

14

當孩子考試考差了，若想達到安慰的效果，不要只是口頭上對孩子說：「不要傷心」、「上哪個學校沒關係」，因為這一類的安慰通常不會發揮什麼效果。

15
教養孩子時，不要喋喋不休。用語精簡、到位，孩子一定會聽到。碎念、嘮叨只會降低自己發言的分量，孩子覺得煩，就會頂嘴或充耳不聞。

16
不要一看小孩在看小説就念：「這麼晚了還在看小説！等下功課又寫不完！」可試著用關懷的語氣説：「這本書名看起來很有趣……不過功課寫完了嗎？要不要先把功課寫完再看，免得待會又太晚睡？」

17
父母不要一看到孩子成績不理想就責罵，這樣孩子會錯誤放大課業成績與名次的意義。

18
與青春期孩子溝通時，父母不要總認為孩子就該自動自發的懂得自我約束和好好用功。

19
父母與孩子談論性向問題時，千萬不要驚慌責罵和幫孩子貼標籤，給孩子過大的壓力。

20
時代一直在變，家長不宜事事以自己當年的情形來當標準。對孩子説教，最好花點精神，了解社會現況與青少年文化。

21
當孩子面對壓力，父母不要一再強調該如何全面排除壓力，而應該讓孩子學會面對壓力時的紓壓能力。

22

當成年孩子面臨困難或抉擇時，父母不要急於幫兒女找答案。因為沒有人可預知未來，多數的人生抉擇，更無對錯可言，父母只能盡力以生活經驗與智慧，提供孩子意見參考。

23

如果孩子臉書成癮的問題滿嚴重，父母請先不要逼孩子去諮商或看醫生，因為孩子會抗拒。不如由父母先去學校輔導室，或找心理諮商師商談，請教如何讓孩子願意和父母一起面對問題。

24

父母要尊重成年孩子，了解成年孩子已有權為自己做決定，不宜倚老賣老，或總是抱持「子女就該聽父母的話」這類觀念。

25

當孩子已經成年，很多事情是父母強求不來的。父母盡力而為之後，就要學會放下。

26

不論大人、小孩，就算知道自己做錯事，也沒有人愛聽咄咄逼人的說教。所以父母指責血氣方剛的大孩子時，不宜太過直接，在方式上要有技巧，才不會白費苦心。

27
孩子過青春期之後，父母應逐步放手，不宜對孩子太過細心呵護，因為反而可能錯誤放大一些生活上必然存在的小煩惱。

28
父母不要用盡一切手段去營造完美環境或為孩子排除所有困難，而是利用生活上各種大小事件和機會，引導孩子建立理想的觀念態度和成熟的情緒管理機制。

29
當孩子遇上感情問題，父母不要去評斷孩子的期望對不對，或應不應該，而是帶著了解，也憐惜這段感情的心情，陪著孩子一起去客觀分析目前的狀況。

30
當父母希望孩子養成好的習慣時，因為習慣的培養需要時間與耐心，因此父母請盡量避免只是批評，或光給孩子口頭指令。

31
當孩子已讀大學，如何讓孩子在面對各類狀況時，有能力分析利弊和判斷，才是父母該繼續「使力」的重點，而不再是事事指點他該往東，還是往西。

32
面對成年的孩子，若孩子有問題，做父母的應該盡早把問題還給孩子自己去面對，千萬不要容忍或姑息，有時盡早硬下心腸，對對方其實比較好。

目錄

想在愛前面
成功的教養是給有準備的父母

Chapter2 如何面對青春狂飆期的孩子？（國、高中）

Part2——學生提問

Part 1 父母提問

Chapter1

如何培養孩子好的觀念與態度？

（學齡前～小學）

女兒愛唱反調，該順著她嗎？

Q

我女兒三歲，現在學得很快，但會故意唱反調，並以此為樂。她很早就會挑衣服穿，我覺得是小事，並不太在意，只是覺得很煩、很囉嗦。

有親子作家說要順著孩子的意思去教養，才不會抹殺小孩的創造力，但我發現一直順著她，變得我好累。

比方她會抗拒刷牙、洗澡，我若強行要她做，她就大叫大哭，然後我婆婆就會跑來關切。

那位作者也說不能用暴力，否則孩子長大會打人，但有一次我失去耐性，打她的手，她雖然哭得更大聲，之後卻突然變得很聽話，難道是被打的關係嗎？

A

一個孩子從小到大的過程不過十幾年，必須因應身心的快速成長而不斷適應和學習，因此一直都在相當急劇的變化當中，這就是為什麼以前的婆婆媽媽會說幼兒乖半年，又會皮半年，其實都是孩子探索環境，互動、學習的各種階段性表現。

針對孩子的成長歷程，**您可參考專家、學者關於幼兒身心行為階段性變化的理論和著作，給自己做好應對的準備**。

「創造力」不等於「行為不受約束」

至於孩子唱反調時，該不該順著他的意思？當然得看孩子堅持的事對或不對吧！常有人把「創造力」和「行為不受約束」混為一談，或誤認為在藝術上比較狂放的表現能力，才叫「創造力」，以為要求孩子遵守規範，就會扼殺孩子的創造力。其實，生活上有自我約束能力的人，不表示在思想上就沒有創造力，因為不論是科學理論或藝術表現的突破，都需要扎實的學習和自我要求。

不過，每個人對於怎樣才叫「有創造力」的標準並不相同。只能說，當父母在「尊重」與「放任」之間沒有抓好分際時，所付出的代價，往往就是不得不面對孩子成年後的脫序言行。

藉由「賞」和「罰」，孩子養成良好觀念、態度與生活習慣

每個孩子天生的個性和長處都不一樣，這些是要給予尊重的，但**讓孩子學會尊重別人，並能夠自我約束，則是為人父母的重大責任**。

我們期待每個孩子都能思想自由，但言行蹈矩，因此良好觀念、態度與生活習慣的養成，還是需要家長巧用「賞」和「罰」去引導、建立。

「罰」的方法其實很多，不一定要用打的，比方圈限行為或剝奪權利，都可以達到處罰的目的，不過**「痛感處罰」在父母設訂規範時，對幼兒來說是相當易懂又有效的方法**，這或許就是您覺得孩子被打過後變聽話的原因。

究竟要不要採用適度合理的「痛感處罰」，是每個家庭自己的選擇，不該把它跟

「情緒失控的父母對孩子暴力相向」當成同一件事。

父母需做好情緒管理

我認為**親子互動比較重要的事，在於做父母的必須有正確、合理的原則，有能力堅持，並時時做好情緒管理**。

幼齡兒童其實不需要多嚴厲的打罵，通常，家長只要能保持理性，並淡定、溫柔的堅持，頂多做到態度嚴厲、堅定，就可以得到效果。

意見多、喜歡自我主張的孩子，通常比較善於獨立思考，也比較

教養TIPS

1. 當父母在「尊重」與「放任」之間沒有抓好分際時，所付出的代價，往往就是不得不面對孩子成年後的脫序言行。
2. 意見多、喜歡自我主張的孩子，通常比較善於獨立思考，也比較有勇氣挑戰既有框架，其實是好事。

有勇氣挑戰既有框架，其實是好事。

若能確實區分孩子的意見，究竟是該予以鼓勵的「思考能力」，還是該予以制止的「不當言行」，覺得是前者時，就耐心跟孩子對話，並引導提問，對孩子來說，應該是很好的思考邏輯訓練。

您**只要從欣賞的角度看待，當成機會來把握，就不會覺得孩子很煩、很囉嗦。**

多收集資料，與長輩溝通

不妨多收集資料，為自己建立一套教養的觀念、邏輯，再找機會對婆婆說明，並尋求支持。

關於教養的觀念與方法，我在我的第一本親子教養書《梁旅珠教養書》中有比較詳細的說明，您若抽得出時間，可以去圖書館借閱或找來看看，希望對您有參考價值。

現在的長輩多半可以溝通。您如果態度理性，又能提出確切的見解與方法，就不難得到婆婆的尊重喔！

父母可以這樣做

- 「罰」的方法很多，比方圈限行為或剝奪權利，都可以達到處罰的目的。
- 幼齡兒童其實不需要多嚴厲的打罵，通常，家長只要能保持理性，並淡定、溫柔的堅持，頂多做到態度嚴厲、堅定，就可以得到效果。
- 請確實區分孩子的意見，究竟是該鼓勵的「思考能力」，還是該制止的「不當言行」。
- 多收集資料，為自己建立一套教養的觀念，再找機會對婆婆說明，並尋求支持。

出門，孩子吵著要跟，怎麼辦？

Q

我家女兒四歲、兒子兩歲。姊姊個性文靜體貼，弟弟愛撒嬌又無理。平常外出和朋友見面，我帶姊姊出門，弟弟就哭鬧著要跟，於是，當我帶姊姊出門時，總要騙小兒子進房後快速出門，或不得已，只好帶兒子一起出去，但每次都很辛苦，都要這樣折騰半小時以上。

想請教您，有沒有比較好的處理方式？

A

「明快果決」的處理方式

任何人發現自己被欺騙，都會感到生氣，對小孩來說，不也是一樣？更何況年**紀小的孩子，還可能因缺少安全感而有分離焦慮**。

以您的問題來看，我覺得第一點要做到的是「明快果決」。

一旦您決定出門，留兒子在家，那麼即使他哭鬧，您還是要硬著心離開，不要拖拖拉拉。

幾次之後，孩子就會明白哭鬧並不會讓您改變心意。下回，他對這無效的手段，興致就會降低。

通常詢問其他幫忙看顧的大人，就會發現不少小孩都是這樣。在媽媽面前愛哭鬧，反而媽媽離開沒多久就好了。

找出問題，與解決的方法

其實**年齡、性別都可能造成孩子在成熟度上的表現不同**，不該因哪個較好帶就帶哪個。

您要仔細觀察孩子無理撒嬌的問題在哪裡，並找出方法（比方帶兒子出門玩，只要他無理取鬧，就馬上帶他回家）。讓他知道，「媽媽不是不帶你出門，但當你在外面表現不好，我們就會被迫要回來。」

只要能讓孩子體會這種感受，下次再帶他出去，他就會知道得要乖乖、守禮貌。

教養TIPS

1. 覺得姊姊文靜體貼，而弟弟比較麻煩，就只帶姊姊出去，這樣是不公平的。因為以兩歲的年紀，無法了解這背後的原因，而不公平與不信任，又可能造成孩子行為上的激化，以吸引您的注意。
2. 孩子不論年紀大小落差，需要的都是父母等量的時間與愛，因此最好要帶就辛苦點，同時帶。

孩子需要父母等量的時間與愛

第二點是「公平」。您覺得姊姊文靜體貼，而弟弟比較麻煩，就只帶姊姊出去，這樣是不公平的。因為以兩歲的年紀無法了解這背後的原因，而**不公平與不信任，又可能造成孩子行為上的激化**，以吸引您的注意。我覺得孩子不論年紀大小落差，需要的都是父母等量的時間與愛，因此最好要帶就辛苦點，同時帶。

如果實在沒辦法，今天帶姊姊出門，下回就要換帶弟弟去，並**盡量找出孩子能理解的方式，去將「好表現」和「能跟媽媽一起出去」做連結**。

父母可以這樣做

- 一旦您決定出門，留兒子在家，那麼即使他哭鬧，您還是要硬著心離開，不要拖拖拉拉。
- 您要仔細觀察孩子無理撒嬌的問題在哪裡，並找出方法，比方帶兒子出門玩，只要他無理取鬧，就馬上帶他回家。
- 如果實在沒辦法，今天帶姊姊出門，下回就要換帶弟弟去，以示公平。

老大愛爭寵，如何是好？

Q

小妹有兩個孩子，一個七個月大，一個兩歲半，老大在妹妹出生後就變得超級黏媽媽，所以每次看到小妹，她都是忙得焦頭爛額。

當她餵奶或抱小貝比睡覺時，小外甥就會在旁邊吵要抱、要喝奶，妹妹就會大呼小叫，要我們讓老大不要吵。問題是，小孩子不肯聽我們的。

最後，小外甥哭鬧一場下來的結果，總是小妹一手抱小的，一手抱大的，這看得我們也很累！我跟妹妹說，不該老大一哭，就順著他，但妹妹說不希望老大覺得媽媽生了老二，就比較不愛他。請問該怎麼做才好？

A

父母先為孩子做好心理準備

家中有新成員報到時，對年紀落差比較大的孩子，父母可以先說明、疏導，為孩子做好心理準備。

但小小孩難以用言語解釋，他們在生活上仍十分倚賴父母。面臨原本獨占的父母愛和時間被瓜分，必然會產生被忽視、冷落的感覺，鬧脾氣、爭寵在所難免。

作息規律，孩子才會情緒穩定

只要能理解這一點，就不會覺得老大無理取鬧，因此在照顧幼兒的忙亂疲憊中，**大人如何保持情緒穩定是非常重要的。**

有些專家主張孩子哭鬧就是表達需求，若不立即滿足孩子，會有不良影響。我不完全贊同，因為有不少令人頭痛的習慣和需求，其實是縱容出來的。

不論大人、小孩，生活規律、有計畫的人通常情緒穩定，也比較快樂，因此我覺得親子的作息都應該要做好規畫，並盡力執行。

讓老大參與照顧貝比的工作

排程中，媽媽一定要安排固定和老大獨處的時間，讓孩子有安全感。部分照顧貝比的工作，可由先生或家中其他長輩幫忙，並逐步訓練老大在媽媽忙的時候，能自己做些喜歡的

教養TIPS

1. 小小孩面臨原本獨占的父母愛和時間被瓜分，必然會產生被忽視的感覺，鬧脾氣、爭寵在所難免。
2. 不論大人、小孩，生活規律的人通常情緒穩定，也比較快樂，因此我覺得親子的作息都應該要做好規畫。

遊戲或活動。

不妨讓老大參與某些照顧貝比的工作，並加以說明，幫弟妹送禮物給兄姊或說好話，拉近手足情感，這樣可以為大孩子建立成就感與責任感。

孩子不無理取鬧的關鍵

孩子愛哭鬧，通常就是因為父母會嫌煩、妥協，而讓他們達到目的。因此，若確定孩子沒有餓肚子，或病痛不適，當孩子有過度的要求，父母就得堅持淡定，凡是哭鬧，一概不理會，孩子自然會學到有話好好說！

父母可以這樣做

- 請媽媽一定要安排固定和老大獨處的時間，讓孩子有安全感。
- 訓練老大在媽媽忙的時候，能自己做些喜歡的遊戲或活動。
- 讓老大參與某些照顧貝比的工作。
- 幫弟妹送禮物給兄姊或說好話，為大孩子建立成就感與責任感。

如何讓孩子學會保護自己？

Q

我念幼稚園的兒子看起來比同齡的小朋友高，也比較成熟。兒子在家會發脾氣，會不高興，但是一到學校，卻總是任憑同學捉弄、欺負，連跟老師告狀都不敢。

我該怎樣讓兒子學會對別人說「不」，甚至反擊，以保護自己？一味逼他要勇敢，有用嗎？我們家長的態度究竟應該如何，比較妥當？

A

在人際相處中，如何自我主張和拒絕的表達技巧，確實非常重要。家長除了不希望孩子在成長過程中受到欺凌，更不希望孩子因此失去自信，甚至因為不懂得說「不」而盲從。

儘管，近來人氣日劇讓「以牙還牙」、「加倍奉還」的觀念大行其道，但在現實生活中，直接「反擊」通常不是保護自己最理想的方式，還可能傷到別人。

此外，一味逼孩子「要勇敢」也沒什麼幫助，因為「勇敢」兩個字對小小孩來說太抽象了！

孩子真正需要的，其實是從一次又一次的「case study」中，學到未來可以運用的觀念和技巧。

孩子平時有充分表達自己的想法嗎？

平時在家中，**父母若能讓孩子充分表達自己的想法並討論，就是培養自信，並學會應對、折衝最好的練習**。

我想您需要先想想，當孩子對家人發脾氣時，他的意見可有得到充分的表達？當孩子的想法不對，您不允許他照自己意思做時，您有沒有適當的說明，讓他理解，並指點正確的想法和做法？若孩子想法正確，您是否接納，並肯定他的意見？

如果您覺得自己並不專制，也沒有給孩子太大的壓力，孩子在外的表現還是退縮，那有可能是孩子的個性使然，也有可能是因為他比較成熟，比同齡孩子早脫離「以自我為中心」的心理階段，已經懂得擔憂同儕關係和他人感受。

無論如何，這一類的經驗，對孩子的人際相處都是學習機會，因此除非事態有相當的嚴重性，**父母最好不要因為急著保護孩子而大驚小怪，更不要動不動就出面幫忙孩子解決問題**。

協助孩子釐清捉弄和欺負的差別

當孩子來抱怨或求助時，請給孩子輕鬆、理性的談話氣氛，針對每一個事件「案例」，協助孩子釐清所謂的捉弄和欺負，有沒有「立場」不同的問題？孩子自己的言行有沒有可以改進的地方？究竟是對方因不懂事而有的不禮貌言行，還是真正的惡意攻擊？

讓孩子學習揣摩別人的想法、**心情**，**也弄清楚自己的情緒**，學會分辨事情的對錯和嚴重性，知道哪些可以包容不理會，哪些得要堅持自己的立場，以及在哪些情況下，必須立即向老師或父母求援。

如果只是孩子間常有的嘲弄或摩擦，則應**提點一些實際的說話技巧，讓孩子練習溝通**、**表達**。只要孩子做得好，就要立即給予鼓勵，協助建立自信。

教養TIPS

1. 讓孩子在人際相處中，學會如何自我主張和拒絕的表達技巧，其實非常重要。
2. 孩子最需要的，是從一次又一次的人際關係「case study」中，學到未來可以運用的觀念和技巧。

與孩子分享個人經驗

父母成長過程中若有類似的經驗、心得，可以和孩子分享，對孩子來說應該很受用。我記得我幼稚園大班時，我那一桌的六位小朋友中，有一個像大姐頭的女生。她做事情和吃點心的速度超級慢，但她總是很兇悍的要求我們全桌人都要等她，不准我們先出去玩。大家忍耐很久以後，有一天，我終於受不了，鼓足勇氣去跟老師報告她的霸道言行。

在我的印象中，我緊張到語無倫次，那幾分鐘的告狀經驗真是無比「漫長」，幸好老師非常有耐心的聽我說完。

事後，老師並沒有把大姐頭叫去罵，而是在上課時對全班列舉了幾項老師不欣賞，也不允許的行為，結果那位同學嚇得立刻收斂，從此我們同桌的小朋友就輕鬆、愉快多了。

耐心陪孩子練習人際關係

成功的經驗就是最好的鼓勵，這樣的例子或許可以讓孩子知道，值得信任的大人其實是很好的求助對象。

如果您沒有個人經驗可以分享，您也可以找這類主題的書籍或繪本給孩子讀，比方像是《我不喜歡你這樣對我！》和《你不可以欺負我！》這兩本繪本，應該都可以讓孩子從類似遭遇的故事主角得到啟發。

孩子不會天生懂得處理人際關係的方法，請您一定要耐著性子聽他說、鼓勵他，並陪他練習喔！

父母可以這樣做

- 父母請先想想，當孩子對家人不高興時，他的意見有得到充分的表達嗎？當孩子想法不對，父母有沒有適當的說明，並指點正確的想法和做法？
- 孩子來抱怨或求助時，父母請針對每一個事件「案例」，協助孩子釐清所謂的捉弄和欺負。
- 父母成長過程中若有類似的經驗，可以和孩子分享，對孩子來說應該很受用。
- 或許找相關的書籍給孩子讀，例如《我不喜歡你這樣對我！》和《你不可以欺負我！》。

家裡的黑臉、白臉，如何協調？

Q

我是個家庭主婦，兩個女兒各是八歲和四歲。

每當我管教孩子時，工作忙碌、不常在家的先生卻總會護著孩子，這時平常跟我很親的女兒，就躲到爸爸身後。

遇到這類問題，我跟先生總是不同調。他堅持家裡有人扮黑臉，就該有人扮白臉，結果孩子總是從「善」如流的選邊站。

我該怎麼辦？

A

夫妻至少一週一次，溝通教養方式

每個人生長的文化、環境、背景，以及曾經接受過的教養過程等等，畢竟不相同，夫妻兩人的教養觀念必然會有差異。

觀念上有差異無妨，最重要的是「溝通」。若您跟先生總是不同調，那麼您們之間的常態性的溝通，並達成共識，就更形重要。

也許您的先生工作很忙，不一定每天都有機會溝通，但至少一個禮拜要找時間好好做一次，仔細談孩子的事情。**最好是以商量的方式，而不要用質問、責罵或者抱怨的方式來進行**。

我認為**關於教養，夫妻（長輩）必須同一陣線，這樣對孩子的規範和要求，才有辦法確切執行**。有不少工作忙碌的家長跟孩子相處時間短，怕管教孩子會「傷感情」，結果該罰的不罰，反而寵壞孩子。

黑臉與白臉的分工

有些夫妻會協調兩個人的角色，一個人扮白臉，一個人扮黑臉，可能是嚴父慈母，或嚴母慈父。不過，許多人誤以為黑臉就是嚴厲、固執，出手、動口責罰的人，而白臉則是好言勸慰，或者替小孩阻擋懲罰的人，其實不該是這樣。

我認為所謂的黑臉、白臉，應該定義為黑臉是真正的執行者，而白臉則是比較消極的角色。

在一個家庭裡，**為什麼需要有人扮黑臉，有人扮白臉？因為需要穩住家庭的氣氛**。

當父親或母親責罵孩子時，另一個人若繼續火上加油，效果其實有限，還會讓家裡的氣氛變得很糟糕。

教養TIPS

1. 夫妻在教養觀念上有差異無妨，最重要的是「溝通」。若您跟先生總是不同調，那麼您們之間的常態性的溝通，並達成共識，就更形重要。
2. 有不少工作忙碌的家長跟孩子相處時間短，怕管教孩子會「傷感情」，結果該罰的不罰，反而寵壞孩子。

白臉的柔軟角色

擔任白臉角色的大人，並不是應該順著或維護孩子的意思，而是讓孩子感受到在龐大的壓力下，不是那麼全然的害怕、絕望。

比方，當爸爸已經罵得很兇的時候，媽媽就先保持安靜，不要加進去責罵小孩。不過，還是要支持先生，而非阻擋他當下的管教，然後找機會，讓雙方有台階下，不要讓衝突愈演愈烈。

所謂的「統一陣線」就是如此，但並不是一方嚴厲處罰，另一方即刻安慰、護衛小孩，這樣反而會造成小孩的困擾，以為有人可以作為他的靠山，有人會幫他說情，而完全不需要懼怕責罰，那麼孩子也就不會思考為什麼被責罰了。

白臉要適時為黑臉解套

不過一旦需要處罰小孩的時候，扮演黑臉的人只要開始說話，另一個人就要注意維持，讓所有事情一致，即使我們一開始並不知道扮黑臉的人會怎樣責罵小孩，但是，除非他的言詞或行動太離譜，否則，都不要去講相反的事情，而讓他完全表達他想訓斥的話，讓他收尾。

只有在覺得對方快要失去控制，或者小孩也快到臨界點時，再插手處理。不過處理的方式依然是要順著另一半的意思，但說可以幫他解套的話，例如：「好啦，爸比講的話，你都聽清楚了喔，現在去洗臉，好好想一想。」讓小孩能暫時脫離痛苦的狀況。

千萬別像電視劇中的演出，反而責罵大人：「你已經講了一個晚上，你要念到什麼時候」之類的。在講話的方式上，可以較為平緩，並且在整件事，該說明的、該處罰的都清楚執行之後，白臉再以輔助說明的角色，加強孩子對事件的理解。**白臉可以做的是一些幫孩子解套與舒緩的動作，然後事後做一些補強與加一些愛進去**。

當我們用這樣的態度去告訴小孩，孩子就比較能夠理解，也會知道要珍惜父親這樣的叨念，真的是為了他好，而不是讓孩子的反抗一直加強。這是一種相輔相成的態度。

寫信與先生溝通

如果在您家裡，角色剛好對調的話，您就應該透過溝通，和先生共商他該怎樣與您配合。

如果擔心一開始夫妻對話的內容和氣氛難以掌控，不妨把您的想法和建議整理好之後，寫一封文情並茂的信，這樣論點和想法比較完整，用詞也可斟酌，平和、理性，開啟對談機制，往後就比較好處理。

夫妻最好在教養上建立起共識，大家可以講道理、互相說服對方，也可以參考書籍，消化整理之後再討論，就像公司開會，藉由討論，而得到結論，之後就尊重結論，在執行層面得到一個共識。

父母可以這樣做

- 如果您的先生很忙，不一定每天都有機會溝通，那麼，至少一個禮拜，要找時間仔細談孩子的事情。
- 有些夫妻會協調兩個人的角色，一個人扮白臉，一個人扮黑臉。黑臉是真正的執行者，白臉則是比較消極的角色。
- 若擔心與先生在溝通孩子教養問題上，容易有些爭執，不妨把您的想法和建議整理好之後，寫一封文情並茂的信，與先生平和、理性的溝通。

是愛的教育？還是寵溺？

Q

我在懷孕前，就讀了很多育兒書，所以一生下孩子後，我就以愛的教育教養孩子。

我常讚美孩子，希望孩子了解的事，我不厭其煩的教，但先生不贊成，他覺得我在寵小孩。

小孩現在快兩歲，完全講不聽，但我實在不想承認先生的嚴格教育才是對的……

A

處罰與鼓勵，適時適度交叉運用

教養，並不能簡單的說，愛的教育一定正確，或嚴厲的方式才比較好。我認為鞭策、處罰與讚美、鼓勵應適時適度的交叉運用。

如果只是一味的讚美，就像一直給小孩糖吃，吃多就覺得不甜了。同樣的，若一犯錯就是嚴厲的處罰，最後孩子會逐漸麻痺而毫不在乎，終究變得逢迎、逃避或叛逆。

巧妙拿捏收跟放的原則，協助孩子建立是非對錯的觀念，才是引導孩子學習成長的最佳方式。

孩子愈大，愈「講不聽」的原因

小小孩的語言理解能力有限，對於大道理或讚美的意義、內容根本不了解，這就是您會發現孩子竟然愈大愈「講不聽」的原因。

您的小寶貝早已從過去的經驗完全了解，媽媽的說教不痛不癢，對他的不當行為沒有任何實質的約束力，因此他可以為所欲為。

哪些該做，哪些不該做，父母必須界定清楚

用心的父母必須把所有規矩都拿捏好，將該做或不該做的事界定清楚。教導幼童，只能先利用制約的方式，讓

教養TIPS

1. 教養，並不能簡單的說，愛的教育就一定正確，或嚴厲的方式就比較好。
2. 小小孩的語言理解能力有限，對於大道理或讚美的意義、內容根本不了解，這也是有些孩子竟然愈大愈「講不聽」的原因。

他清楚理解哪些行為或事情不可以做，並記得以後不要重蹈覆轍。

藉由訓斥或懲罰，達到制約目的的方法很多，至於要採取哪些方式，比方適度、合理的痛感處罰、行為限制，還是剝奪福利等等，是每個家庭自己要做的考量和選擇。

對幼童不論是懲罰或鼓勵，務必要明快易懂，並做足效果，但隨著孩子的理解能力愈來愈好，很多事情就逐漸可以言語溝通，耐心說理了。

由緊到鬆、逐步放手

請您記得，**孩子不斷在成長、變化，因此父母的態度和應對方式也要跟著修正、轉變**。

若您希望親子相處過程平順、愉快，最好能從小先嚴格的引導孩子建立良好生活習慣和態度，再隨著孩子成長懂事，由緊到鬆、逐步放手。

父母可以這樣做

- 藉由訓斥或懲罰，達到制約目的的方法很多，至於要採取哪些方式，是每個家庭自己要做的考量和選擇。
- 父母必須將孩子該做或不該做的事界定清楚，且嚴格執行。
- 對幼童不論是懲罰或鼓勵，務必要明快易懂，但隨著孩子的理解能力愈來愈好，很多事情就可以耐心說理了。

姊弟爭執不休，如何是好？

Q

我家的小姊弟倆差六歲，他們常常吵架。姊姊用嘴巴告狀，弟弟則會用手打人。

姊姊只會哭，卻從不反擊。我支持弱勢，於是直接授權，直嚷要姊姊打回來，但姊姊還是只會哭，什麼動作都沒有。

我這個當媽媽的，該如何是好？

A

把孩子爭執的來龍去脈弄清楚

還好您家的小姊姊沒動手！

其實，每個家庭的手足間，除非年紀實在差很多，不然一定都是在吵吵鬧鬧中長大。年紀小的時候，打打鬧鬧更是難免，不過，父母最好不要讓孩子習慣用拳頭解決問題喔！

我的孩子很小的時候，姊弟吵架的結局也常是弟弟打姊姊，然後姊姊哭著來告狀。

一開始，我認為不管誰對錯，打人就是不對，所以常會先處罰弟弟，可是後來我發現，有好幾次其實是比較成熟、有心機的姊姊，先有欺負或作弄弟弟的小動作，年紀小的弟弟常因為「口才」比較差，吵不贏，氣不過，就揮拳打姊姊。

如果，我每次都只口頭訓誡姊姊，但處罰弟弟，他心裡一定覺得很委屈。所以後來，每次有爭執，我一定盡量把來龍去脈弄清楚，對「兩造」釐清是非，並**要求兩個人都要針對自己不理想的行為，互相道歉和接受處罰**。

> **教養TIPS**
>
> 1. 每個家庭的手足間，除非年紀實在差很多，不然一定都是在吵吵鬧鬧中長大。
> 2. 當手足在家吵架，父母可以讓孩子練習、處理人際關係，並進一步學會與人相處時所需要的自我節制能力，以及折衝、妥協的技巧。

手足吵架，讓孩子練習處理人際關係

手足在家吵架其實不是壞事，因為爭執的過程可以讓孩子練習、處理人際關係，並在長輩的引導說明下，了解哪些行為不對，哪些是OK的，然後進一步學會與人相處時所需要的自我節制能力，以及折衝、妥協的技巧。

無論如何，請您還是要禁止孩子動手，更不該鼓勵「以暴制暴」的解決方式，免得將來孩子在外跟人起衝突，也選擇「動手」解決。

比較理想的做法，應該是在爭執發生後，耐著性子，讓孩子個別陳述事情的發生經過與緣由（哭著講的不受理），您再協助判斷癥結點的是非，並解說給孩子聽。

該有的道歉和處罰都確實執行後，再指點孩子怎樣才是理想的互動方式。幾次下來，您應該就可以看到狀況改善了！

父母可以這樣做

- 請禁止孩子動手，更不該鼓勵「以暴制暴」的解決方式，免得將來孩子跟人起衝突，也選擇「動手」解決。
- 請耐著性子，讓孩子個別陳述事情的發生經過（哭著講的不受理），您再協助判斷是非，並解說給孩子聽。
- 在該有的道歉和處罰都確實執行後，再指點孩子怎樣才是理想的互動方式。

出國旅行，想帶小小孩，適合嗎？

Q

我們出國旅行，想帶小小孩到美術館參觀或參加活動，但又怕突發狀況會很多，這樣可能不但會為同團的團員帶來困擾（除非我們採自助旅行），而我們原本的美意，也會大打折扣。

另外，我還想過，可能孩子對於旅行團參觀的行程也很難乖乖配合。那到時候要怎麼辦？您能提供好方法嗎？

還是，如果孩子太小，是不是乾脆就不要帶出國比較好？

A

這讓我想起兩次參加歐洲旅行團的經驗，恰巧都有團員帶小小孩同行。第一次，那個小男孩很神奇，不論到哪個地方都不哭不鬧，父母應對動作也很俐落，常常讓我們都忘了團員中有個這麼小的孩子。

第二次的孩子雖然有祖母同行幫忙，但他在車上常常哭鬧。每次換尿布，巴士後半部就飄香，讓團員們相當困擾。

訓練與準備，缺一不可

是孩子個性差異的問題嗎？我不認為。我覺得最主要的差別，是訓練與準備。不論是到美術館參觀，或是國外旅遊行程，對年紀較小的孩子來說，都非平日生活的常態活動，一下子接觸太多不熟悉的事物，又處處約束，會讓孩子感到不安或有壓力。

想帶孩子出門玩，一般來說，我還是建議不要跑太遠，因為孩子光調整時差就很辛苦，加上歐洲行程常會參觀教堂、美術館或古蹟文化，孩子看不懂，也聽不懂，當然容易感到疲憊、無聊。

最好選擇天數短的輕鬆行程，比方亞洲地區定點度假村或樂園形式，不但有針對孩子安排的遊戲和活動。孩子累了或有點情緒，也可以隨時回旅館房間休息，不會影響到別人。

若想帶孩子出遠門，又希望大小盡歡，不該在孩子毫無準備的情況下就去「挑戰」，平時就要給孩子適度的訓練，讓孩子逐步適應。

首先，當然要建立孩子生活作息的規矩與紀律，讓孩子習慣不要動不動，就以哭鬧來表達需求和情緒。

教養TIPS

1. 想帶孩子出國玩，一般來說，建議不要跑太遠，最好選擇天數短的輕鬆行程，比方亞洲地區定點度假村或樂園形式。
2. 若想帶孩子出遠門，又希望大小盡歡，那麼就不該在孩子毫無準備的情況下去「挑戰」，平時就要給孩子適度的訓練。

培養好親子的互動默契，熟練掌握、引導安撫孩子的方法，並把孩子需要的物品備齊，就不會發生父母噓個不停，孩子還是一直哭鬧的情形。

行前，提早讓孩子熟悉

帶孩子出國，語言能力也很重要，**基本的英語能力，最好從小就開始培養**。可能會參觀的地點或活動內容，行前不妨提早讓孩子熟悉。

我記得孩子念幼稚園時，我曾帶他們去奧地利薩爾斯堡參加一週的國際活動。出門前，他們已經看了十幾遍《真善美》電影，片中幾首主題曲都會唱了。

我也讓他們熟聽莫札特的音樂，和讀一些有關於莫札特的故事書，並事先以簡單的地圖，讓孩子有地名和地點印象。有了充分準備，孩子們就玩得很投入盡興。

平時就多帶孩子去參觀美術館

靜態的美術館，難度當然高一點。平時就要多帶孩子去參觀本地的美術館，感受氣氛，並學習禮儀，大人則藉機演練突發狀況的應對方式。

找出孩子可能感興趣的目標，事前做點功課，增加孩子的熟悉度和理解力，現場也可以在孩子耳邊輕聲解說。

千萬不要貪心，一次看太多，或對孩子期待過高，希望孩子一定要吸收到多少知識，因為**文化素養無法填鴨，靠的是長時間的薰陶**。

一旦進了美術館，就要把心情放輕鬆，以孩子的步調為主。

如果孩子表現不耐，把孩子帶到美術館的紀念品店、庭院走走看看，或到咖啡廳坐下來休息。對親子來說，一樣是很棒的共同時光與學習。

父母可以這樣做

- 父母要先建立孩子生活作息的規矩，讓孩子不以哭鬧來表達需求和情緒，也要把孩子需要的物品備齊。
- 請平時就多帶孩子去參觀美術館，大人則藉機演練突發狀況的應對方式。
- 如果孩子表現不耐，父母可以先把孩子帶到美術館的紀念品店、庭院走走看看，或到咖啡廳坐下來休息。

負面話語，讓兒子受傷了？

Q

最近我聽四歲的兒子說，同學會對他說：「你好矮！」他聽了很不開心，叫同學不要再講，對方卻還是這麼說。

還有，同學都不跟他玩，讓他不愛上課。

我感覺他受傷很深，卻不知該如何幫他。

我只能給他擁抱，並讚揚他沒有因生氣打人，但我想下學期幫他換學校，希望能改善這種情況，您覺得呢？

A

孩子開始上學後，父母的確該用心了解孩子在學校的人際狀況。畢竟**孩子在校時間很長，不論好事、壞事，對孩子的觀念、行為，影響都相當深遠**。

轉學並不是好的處理方式

不過，除非事態有相當的嚴重性，轉學並不是好的處理方式，因為這麼做，就像是孩子一碰到不投緣的老師，父母就急著幫孩子轉班、轉學一樣。

孟母三遷有其道理，是因為孟母希望為孩子找到理想的大環境，但絕不是為覓得順應、適合孩子的小團體。

人生各階段，不論是同學、師長、朋友、鄰居，還是同事、上司，我們都可能碰到不投緣或不好的人，但並非每一次，我們一定有辦法，可以迅速離開那個環境或群體。

因此，**比較理想的做法，應該是培養孩子正確觀念，並訓練應對技巧**，期待孩子未來不論碰到怎樣的試煉，都能有韌性面對，並找出方法應對。

教養TIPS

1. 人生各階段，不論是同學、朋友，還是同事、上司，我們都可能碰到不好的人，但並非每一次，我們一定有辦法，可以迅速離開那個環境或群體。
2. 我們不可能期待孩子碰到的人，一定都教養良好，因此我們要利用這類事件開導孩子，哪些批評該認真對待，哪些則一笑置之。

適度的小挫折，對孩子來說，是最好的訓練

言語挑釁或刺激，在孩子的成長過程中，其實相當常見；適度的小挫折，對孩子來說，就是最好的訓練。

我們不可能期待孩子碰到的人，一定都教養良好，因此我們要利用這類事件開導孩子，哪些批評該認真對待，哪些則必須一笑置之。

了解孩子的人際問題

您可以透過老師或自己觀察，了解同學們不跟兒子玩，確實原因為何。孩子有無可以改善的地方？如果純粹是外表因素，更要讓孩子有能力面對自己天生的優勢和劣勢，學習不卑不亢，並善用優點，補足缺點。比方，很多個子小的人外型可愛，若個性活潑、開朗，常會成為團體中的開心果，受到大家喜愛。

況且，一個孩子有兩次的抽高機會。現在矮，將來可不一定矮喔！不妨用孩子能懂的方式說明給他聽！

父母可以這樣做

- 父母可以透過老師或自己觀察，了解同學們不跟兒子玩，確實原因為何，孩子有無可以改善的地方？
- 如果是外表因素，要讓孩子有能力面對自己天生的優勢和劣勢。學習不卑不亢，並善用優點，補足缺點。
- 一個孩子有兩次的抽高機會。不妨用孩子能懂的方式說明給他聽！

如何訓練孩子做家事？

Q

很多父母都會訓練小孩做家事，我和先生也認為應該讓孩子從分擔家務中學習負責，因此我們家也有分配家務給女兒及兒子，但孩子們常賴皮，結果最後都是我在做。

最近女兒大了，課業比較繁重，有時我看到她忙或要考試，就接收她原本該做的家事，沒想到兒子一看到我幫姊姊，也開始耍賴。

我該如何堅持呢？

A

家事分工對孩子來說，的確是最好的責任訓練。不過當孩子從這樣的過程中一再驗證「就算我賴皮，不負責任也沒有關係」，這樣的訓練不但意義全無，還可能產生反效果。

規矩，父母務必說到做到

「規矩」一再的不被遵守就不叫規矩了。只要是合情合理的規範與要求，父母說一就不二，才有辦法建立威信。

當然，家長對於子女的任何要求與規範，其合理性與可行性，在事前都需要用心評估、斟酌。

家事分配，需考量公平

現在孩子的課業活動真的很忙，因此**像家事分配，在執行面上（比方時間、內容和規範），還是需要細膩一些**。

不要只是粗略的規定姊姊洗碗、弟弟倒垃圾之類的，最好能把孩子課業、才藝、假期等作息列入考量。

此外，因應孩子成長不同階段的變化，責任分配也要像新學期一樣，定期檢討並重新設定。

父母對孩子一定要注意公平性，除非年齡落差很大。一般狀況下，最好還是採齊頭式的平等。

碰到大考或大比賽等特殊狀況，才採取「不同階段」，但總量的公平，比方高三衝刺

教養TIPS

1. 只要是合情合理的規範與要求，父母說一就不二，才有辦法建立威信。
2. 任何家事訓練的「要求到位」，遠比孩子「應該」負責的工作量還要重要。

中的孩子，可以少做或不做，下一個孩子到那個年紀時，就會得到相同的待遇。

讓孩子養成負責任的習慣

請記得，任何訓練的「要求到位」，遠比孩子「應該」負責的工作量還要重要。**父母只需要做好情緒管理，要求孩子時不急躁、失控**，無論如何都不接手，耐心、溫柔的堅持，孩子負責任的習慣一定可以養成。

不過，堅持不表示沒有彈性，若孩子有像是學校活動，或功課寫不完之類的緊急狀況，還是可以用暫欠後補的方式完成，或與家長、手足交換某些工作。

父母可以這樣做

- 對於家事，父母對孩子一定要公平，除非年齡落差很大。一般狀況下，最好還是採齊頭式的平等。
- 因應孩子不同階段的成長，責任分配也要定期檢討並重新設定。
- 若孩子有像是學校活動之類的緊急狀況，可以用暫欠後補的方式，或與家長、手足交換某些工作。

該不該為出門玩請假？

Q

我兒子剛上小學，先生因為工作忙碌，所以少有機會帶孩子出遊。上學期，期中考考完時，先生想讓孩子放鬆一下，所以我們選在週一出門度假，以避開人潮，也幫兒子事先請了假，但公婆卻認為我們應以孩子的課業為重，不該為了玩而請假，先生因此跟公婆弄得不大愉快。

我也發現，公婆總是只在我面前碎碎念，這讓我好為難。

想請問您，為了出門玩幫孩子請假，會對孩子有不好的影響嗎？

A

現代人自我意識較強，對於體制和規定不像上一輩的人這麼在意，因此從整個社會風氣來看的話，為某些個人因素請假，若不影響課業、學校規定以及班級學習風氣，通常老師和學校都會尊重家長的選擇。

只要公婆知道這的確是先生的主張，那對於公婆的碎念，您就表現出「非常同意」，但也無可奈何的態度吧。

放輕鬆點，向公婆說明這並非常態，您也會小心處理就好。很少公婆會對兒子長期不滿，這一點應不用擔心。

比請假更重要的事

請假出遊，眼前影響或許只有一、兩次小考成績，以及孩子的讀書情緒，但我認為比較重要與長遠的，是對孩子在觀念、態度上的影響。

人的一生會扮演多種角色，更需要擔負不少的職責，因此**一個人責任感的培養，的確需要從尊重體制開始**。

為玩而犧牲課業，如果沒有清楚讓孩子明白其意義與必要性，那孩子從您們這裡接收到的價值觀，就是在人生事件重要性的排序上，「玩樂」不但可以大於「責任」，還可以隨性而為。

我的確見過一些孩子，一不想上課，就「派」父母打電話去學校假稱生病或有事，家長也不以為意。

傳遞正確的價值觀

價值觀如何傳遞是每個家庭的選擇，假使問我個人意見，我也傾向於不請假。

不過爸爸若因工作

教養TIPS

1. 請假出遊，比較重要與長遠的，是對孩子在觀念、態度上的影響。
2. 為玩而犧牲課業，需要讓孩子清楚明白其意義與必要性，以及正確的價值觀。

時間確有困難，倒也不必太過沒彈性，不妨為孩子詳細說明父母重視親子時間的心意，並透過正式遞假條和與老師間的對話，讓孩子了解家長在請假這件事情上的態度，其實是十分審慎的。

父母可以這樣做

- 請放輕鬆點，向公婆說明這並非常態，您也會小心處理。
- 為孩子詳細說明父母重視親子時間的心意，並透過遞假條和與老師間的對話，讓孩子了解家長在請假這件事情上的態度，十分審慎。

想讓孩子返台學國語？

Q

我是住在美國的台灣媽媽，老公是外國人，他不了解，也不太贊成東方的教養模式。

我的一對兒女分別是四歲和兩歲，我擔心他們將來不會說國語，所以想帶回台灣就讀一年，可是又怕這麼做，他們將來回來會跟不上美國的教育系統。

我也擔心這樣對先生和小孩有些不公平。

可以請您給我一些建議嗎？

A

記得大約十年前，我去參加一個世界性的企業家活動，當時不少美加企業家對我們台灣人異常熱絡，不時來聊天和問東問西，讓我有點意外。原來，他們有興趣的不是台灣，而是中國，主動接近只因為他們認為台灣人對中國有比較多的了解，所以我們的話題幾乎都是在談急速發展中的中國大陸。

有一位金髮碧眼的加拿大企業家問了我很多學習中文的事，因為他正在考慮，要不要把七歲孩子送進加拿大的華僑中文學校讀書。

學習語言，需要許多時間投入

商人是對趨勢風向最敏銳的一群人，他們深知想跨市場、跨文化，最重要的就是語言能力。做得到的話，語言會越多，當然越好，不過想把一個語言真正學好，並不像是考電腦證照，補習幾個月就可以，而是需要投入很多很多的時間。

語言學到一個階段後，接下來需要克服的還有文化隔閡，所以那位加拿大人想得很多——除了語言能力，他還要孩子從小培養對那個文化的熟悉度，以及「人脈」。

父母對孩子的教養，需一致

連外國人都覺得中文如此重要，您若希望孩子學好中文，目標自然是不能放在毫無競爭力的「會聽、會講」就好。

問題是，您的先生在這個目標上，跟您是一致的嗎？首先，**您的計畫必須得到先生的認同與支持，才有辦法好好執行**。

中文的初學階段，有學、寫和認國字的問題，累積基礎字庫所需時間較長，難度比英文的初學階段高很多，因此若能在正規的中文學校環境中學，孩子比較不會抗拒練習，效果和效率一定比在美國學好多了。

如果只是小學階段回台念幾年，我想您最不用擔心的就是「回美國會跟不上」，因為我們過去這麼多小留學生已經證明了，這一點應該不是問題，說不定還因受了中式教育訓練後，在抗壓性和紀律上表現會比較好。

不過，只回來一年，能打的基礎相當有限，回到美國之後，如果沒有花時間、精神認真持續，效果可能不會太大。

還有，兩個孩子的年齡也有落差，您很難抓到在同一年時間，讓兩個孩子都得到最大的學習效果。最理想的時間應該是一到三年級。

一般在台灣由中文系統轉美國學校，通常會選在五年級，因為進入高年級日常生活中文的聽、說、讀、寫都沒問題了，趕在Middle School前進入英文系統，孩子認真拚的話，很快就可以趕上程度。

教養TIPS

1. 孩子的成長過程，最理想的狀況當然是跟父母都生活在一起。不要小看任何階段長時間的「缺席」，對家人間可能造成的影響。
2. 審慎的判斷與選擇的確很重要，但真正影響結果的，其實是過程中的努力。

對於孩子的成長，父母應盡量不缺席

孩子的成長過程，最理想的狀況當然是跟父母都生活在一起。不要小看任何階段長時間的「缺席」，對家人間可能造成的影響。

過去幾十年，多少台灣家庭為了孩子的教育，選擇分開兩地，因此犧牲了不少婚姻。小別或許勝新婚，但**長時間的分離，對夫妻關係來說，卻是很大的考驗**。這一點，您一定要認真考量。

總之，審慎的判斷與選擇的確很重要，但我認為真正影響結果的，其實是過程中的努力。

中文學習已成世界趨勢，或許您在當地，也可以找到好的中文學校。如果很多台灣孩子可以把英文學得很好，就表示若以類似的培養方式，在美國也有機會讓孩子把中文學得不錯。

人生多數的選擇都會優缺並存，這就要靠您自己去權衡孰重孰輕了。

父母可以這樣做

- 請先與先生溝通，當兩人的教養計畫一致，才有辦法好好執行。
- 兩個孩子的年齡有落差，並不容易抓到在同一年時間，讓兩個孩子都得到最大、最理想的學習效果。
- 中文學習已成世界趨勢，或許您在當地，多花些時間，也可以找到好的中文學校。

Chapter2

如何面對青春狂飆期的孩子？

（國、高中）

如何幫兒子走出考差的陰霾？

Q

由於去年考得不盡理想，兒子今年基測決定再考一次，期許能考上自己憧憬、喜歡的學校。

他非常努力準備，但成績單寄來之後，他卻立刻痛哭流涕，因為這次依舊沒考好。

我安慰兒子不要傷心，但他根本就聽不進去。他總是沮喪的模樣，很教人擔心。請問我該怎麼幫兒子走出考差的陰霾？

A

最好的療傷工具，是時間

很多父母面對孩子失敗、挫折、情傷等狀況，不免會急著希望用什麼方法，讓孩子趕快開心起來，恢復正常，而忘了其實最好的療傷工具，是時間。

不論是身心的傷或痛，都需要經歷或長或短的疼痛期，才有辦法復原，**自己面對、消化和處理，就是最好的學習與成長**。

如果平常有為孩子建立比較理想的人生態度和觀念，在這種療傷期，這些已經內化的觀念自然就會發揮作用。

若只是口頭上對孩子說：「不要傷心」、「上哪個學校沒關係」，這一類的安慰通常不會發揮什麼效果。

父母要先放下得失心

安慰是一門藝術，表現方式不同，效果可以差很大，甚至還有副作用。

比方過去社會上有重男輕女的觀念，如果媳婦因連生兩胎女兒而難過、沮喪，公婆想安慰她就說：「不要難過，下一胎再生男的就好了！」這樣不但不是安慰，反而更確切傳達長輩的確重男輕女的訊息，同時也再給了壓力。

父母、長輩在孩子受傷的當下，自己要先徹底放下得失心，並對孩子的人生、前途做好真正深刻思考，講出來的話有建設性，孩子才聽得進去。

學歷、學校雖然重要，但卻不代表一切

在事情剛發生的短

教養TIPS

1. 安慰是一門藝術，表現方式不同，效果可以差很大，不可不慎。
2. 讓孩子知道雖然努力不一定成功，卻可以增加成功機會；人生的路可以有很多選擇，也需要靠努力為自己增加選項。

期內，盡量平常心以對。如果孩子有話想說，就讓他暢所欲言，但若孩子不想說，也不要勉強，父母只需要觀察孩子有沒有比較奇怪的表現，或深陷情緒泥沼的情形（那就必須求助專業）。

假使一切還算正常，不妨帶孩子抽離現況，參與可以讓大家覺得開心的活動，也趁機增加聊天、交談的機會。

舉例來說，如果原本計畫孩子考上好學校，就要帶孩子出去玩當獎勵，那就照計畫去做，**用行動讓孩子知道父母肯定他的努力與認真，而不是看成果好才給獎賞**。

最好能拿一些社會上或親友的實例，讓孩子明白人生是不斷從一個階段到下個階段的進行式，每個階段的學歷、學校雖然很重要，但卻不代表一切，因為我們還可以藉由持續的或其他方面的努力，向目標挺進。

與孩子一起討論、規劃未來

現在的教育環境有很大的改變，即使不是他心目中最理想的學校，但或許在這樣的競爭環境，如果他能設定目標，繼續努力，說不定有更好的機會脫穎而出。

用一起規劃未來的方式談話、討論，讓孩子知道雖然努力不一定確保成功，卻可以增加成功的機會；人生的路可以有很多選擇，也需要靠努力來為自己增加選項。

人生不是靠一次考試的成敗來定江山，但一個可以為目標而努力的孩子，已經具備了成功的特質。

父母可以這樣做

- 如果孩子有話想說，就讓他說，若孩子不想說，也別勉強，父母只需觀察孩子有無奇怪的表現，或深陷情緒泥沼（那就必須求助專業）。
- 不妨帶孩子抽離現況，參與覺得開心的活動，也趁機增加聊天、交談的機會。
- 舉些社會上或親友的實例，讓孩子明白人生是從一個階段到下個階段，學歷、學校雖然很重要，但卻不代表一切，因為可以藉由其他方面的努力，向目標挺進。

如何跟青春期的孩子對話？

Q

我有兩個兒子，分別是高一和國二。

我知道孩子大了不能用罵的，要跟孩子好好談，不過，不知道是孩子青春期彆扭？還是我沒耐性？明明我是好意，想關心，為什麼常常沒講兩句就氣氛不佳、火氣飆升？

想請教您，跟青春期的孩子對話，有沒有什麼祕訣或技巧？

A

關於和青春期孩子對話的方法，在僅數百字的答覆中，無法針對個案提出實際執行的建議。

不過，**觀念引導行為，解決問題的方法往往在觀念修正後自然就會浮現**，因此我覺得在自我提醒上，有幾個重點，應該滿有幫助：

1. 父母必須跟上時代腳步，避免標準過苛，或老提自己小時候怎樣怎樣。盡量事前和孩子共設合理、可達成的規範，並明定賞罰。**父母對某些青少年文化的理解或認可，也有助於拉近親子關係**。

2. 發言前，想清楚自己內心的初衷，先做好準備。比方孩子未報備而晚歸，父母其實是擔心孩子安危，但一開口就責罵，易激起孩子的防衛心，而忽略了父母的用心。

孩子回來怕被罵，必然心情忐忑緊張，與其一開口就斥責：「怎麼這麼晚回來！」不如先關懷：「這麼晚，晚餐吃過了嗎？」等孩子鬆懈、柔軟下來，再檢討。

3. 注意語氣用詞。例如「怎麼這麼晚回來！買手機給你是幹什麼用的！」和「怎麼這麼晚回來？沒先打個電話讓我好擔心！」同樣的一件事、一句話，感覺可以差很大。

4. 糾正孩子言行，要就事論事，避免謾罵及情緒性字眼，但也不可過度溫柔或低聲下氣。**各類規範、要求，宜用和緩但堅定的態度提出**。

5. 不要喋喋不休。**用語精簡、到位，孩子一定會聽到**。碎念、嘮叨只會降低自

教養TIPS

1. 與青春期孩子溝通，父母必須跟上時代腳步，避免標準過苛，或老提自己小時候怎樣怎樣。
2. 糾正青春期的孩子言行，要就事論事，避免謾罵及情緒性字眼，但也不可過度溫柔或低聲下氣。

己發言的分量，孩子覺得煩，就會頂嘴或充耳不聞。

6.技巧性地避開易引發衝突的場面。若感覺到自己怒火飆升，就暫停講話，因為脫口而出的氣話，通常會壞事或傷人。

父母一定要做好情緒管理，只要能不失尊嚴的給雙方台階下，自然可有後續機會溝通。

父母可以這樣做

- 父母盡量事前和青春期孩子共設合理、可達成的規範，並明定賞罰。
- 孩子晚歸怕被罵，父母與其一開口就斥責：「怎麼這麼晚回來！」不如先關懷：「這麼晚，晚餐吃過了嗎？」等孩子鬆懈、柔軟下來，再檢討。
- 父母若感覺到自己怒火飆升，就暫停講話。糾正孩子，父母一定要先做好情緒管理。

孩子對外表不滿意，怎麼辦？

Q

我兒子今年高一，長相清秀、斯文，成績不錯，體育、音樂方面表現也很優異，唯獨身高只有一百六十三公分，而且似乎不再長高了，這造成他的困擾，也常被同學取笑。

長不高是無法改變的事實，卻又對一個人的外貌造成很大的影響，我擔心這會進而影響孩子的自信心及人際關係，請問該如何安慰、引導他？

A

國、高中的孩子，最在乎朋友的意見、看法，偏偏這個年紀的同儕跟自己一樣，都不夠成熟，所以非常需要建立正確的觀念，並學習巧妙應對的方法，逐步強化自己的內在與信心，也才能順利、愉快的度過內外紛擾的青春期。

尋求醫生的專業意見

「聽天命」之前一定要先「盡人事」。女孩子的發育通常到高一就結束了，但很多男孩子到高三，甚至大學階段還會長高，所以在還有機會時，請不要放棄努力。

如果您們真的很在意，可以去找醫生諮詢，請教在這個年紀、階段，有沒有什麼可以做的。

我覺得您可以讓兒子積極從事有跳躍、伸展動作的運動，以刺激生長（最好暫時不要做舉重等重量訓練），所以打籃球、游泳都不錯；功課忙的時候，可以每天在家跳繩數百下，也很有幫助。

固定的運動可以提升腦氧量，並使心情愉快，舉手投足也可以更加有男子氣概，**就算終究沒有長高，對身心還是有很多好處**。

看見自己所擁有的

盡人事的同時，心理上，也要逐步做好聽天命的準備。倘若努力過後的結果不盡如人意，您一定要說服自己，世界上本來就沒有完美或樣樣好的人。

您的兒子在各方面表現優異，已經有許多強過別人的地方，不能老是只看自己欠缺什麼，對自己擁有的，一定要懂得珍惜，並心存感謝。

身材、外貌是老天決定的，就算不滿意，生氣、怨嘆不但改變不了事實，深陷情緒泥沼，反而讓自己的人際關係更糟。

請記得外貌只是第一眼的印象，**在團體中人緣好的人，不見得一定高帥美，多半是個性熱心、陽光、溫暖、快樂的人**。

培養內在的自信心

自信心可以來自於優良表現，比方學業表現、才藝專長、特殊能力等，不妨找出自己有興趣的事物，讓生活有重心，並追求優異表現，贏得別人的尊敬。**自信心也可以來自於洞悉自我**。一個人若有智慧與勇氣面對自己先天的不足，擺脫情緒桎梏，必然能有更好的發揮與發展。

好EQ的訓練

如能**培養幽默感**，對別人的取笑態度坦然、不在意，不怕承認自己的外貌缺點，甚至開自己玩笑，**反而容易化解這類的不愉快或尷尬場面**。

教養TIPS

1. 國、高中的孩子，最在乎朋友的看法，但偏偏都不夠成熟，所以非常需要正確的觀念，才能順利、愉快的度過青春期。
2. 身材、外貌是老天決定的，就算不滿意，深陷情緒泥沼，反而讓自己的人際關係更糟。

您可以和兒子討論遭遇過哪些令人不愉快的取笑或言語，嘗試一起找出比較幽默理想、四兩撥千斤的回應方式，這就是好ＥＱ的訓練。

眼光放遠些，高中三年看似難熬，其實轉眼就過。很多同學在畢業後就分道揚鑣，或許一輩子再也不會見面往來，以整個人生來看，為這些生命中短暫的過客自卑、難過，未免太不值得，所以還是放輕鬆點，不要跟不成熟、不懂事的人計較，把時間、精神投資在自己身上，好好充實自己吧！

父母可以這樣做

- 先去找醫生諮詢，請教孩子在這個年紀、階段，有沒有什麼可以做的。
- 讓孩子多從事有跳躍、伸展動作的運動，例如打籃球、游泳。就算沒有長高，對身心還是有很多好處。
- 培養孩子的自信心，比方學業表現、才藝專長、特殊能力等。
- 和兒子討論遭遇過哪些令人不愉快的取笑，嘗試一起找出比較幽默的回應方式，這也是訓練好ＥＱ的機會。

怎樣改變沒有互動的家人關係？

Q

我兒子讀國二，他從小功課不好，人緣也不佳，國中雖然叛逆，但經過親子溝通後已有改善。女兒讀國一，小學很優秀，但上國中功課普通，後來迷上輕小說，稍有不順，便大哭，從前那個乖巧、認真的小孩不見了。

現在，孩子眼裡只有電視、小說、電腦，書好像為了媽媽才讀。我的一對兒女看到客人只會問聲好，再來就看電視。我希望小孩主動關心別人、多和長輩聊天，別只生活在自己的世界裡，請問要如何改變？我家是小家庭，公婆過世後，幾乎沒有親戚來往，我先生在家一條蟲，整天沉浸在過去有父母的思緒裡，很少出去，也沒有朋友，更不喜歡和我回娘家。我好煩，不知該如何改變？

A

您所描述的狀況，其實也是現今社會上許多家庭的寫照，依我看，並沒有什麼嚴重的問題。

這是大環境的趨勢，**您可以先把心情放輕鬆，調整自己的想法，再依您對家人的期待，採取一些「潛移默化」的影響**，我相信不久就會看到改善。

理解青春期孩子身、心的劇烈變化

孩子進入青春期後，本來就會改變。我常對家長們說，一個孩子在短短六年時間，從兒童長為成人，光身體、外表就有如此劇烈的改變，加上課業、同儕的壓力，內在必然有變化和衝擊，這一點怎能被忽視！

這一切，從孩子的言行中一定會有所表現，所以，原本調皮的孩子變體貼了，或原本優秀、上進的變退縮、懶散，都有可能。

父母只要能理解，就能從容應對，以成人的經驗、智慧，持續給孩子方向和支持。

國中的孩子，雖然無法像小學時那樣指揮、管理了，不過還是相當依賴父母，您若想改變孩子，就得善加把握這段時間。

您對孩子的期待、規範，絕對應該要說出來，但請盡量提醒自己用「建議」，而非「指正」、「責備」的口吻。

換個角度，關切孩子

比方，不要一看小孩在看小說就念：「這麼晚了還在看小說！等下功課又寫不完！」可用關懷的語氣說：「這本書名看起來很有趣……不過功課寫完了嗎？要不要先把功課寫完再看，免得待會又太晚睡？」

當然，孩子做錯事，還是要責罰，但罵過之後，一定要找適當時機，好好溫柔說明，讓孩子感受到父母的管教是出於愛。

舉新聞案例或親友間的例子，提醒孩子

一些國小表現優秀，但上國中後，開始遭遇挫折的孩子，有可能把注意力和成就感轉移到其他事物上。

當孩子心情好的時候，您可以藉由新聞案例或親友間的實例，聊一些關於生活目標、充實才能和增進自我管理能力，對他自己未來的影響，也**讓孩子明白父母的期待，不是成績、數字的表現，而是希望他們能養成自我負責的態度與能力**。

找出孩子樂意做的事情，予以陪伴，增加和孩子相處的時間。比方，孩子愛逛附近某家文具店，就陪他一起去，利用這些時間，多多不經意的「閒聊」。

讓孩子學會正確處理情緒的方法

當孩子以哭鬧發洩情緒時，自己要耐住脾氣，不要隨著激動。不妨平和的對孩子說：「有情緒宣洩一下是好的，不過哭並不能解決問題，媽媽先讓你靜一下，等你哭完了，有什麼話想說，我隨時可以來陪你。」

讓孩子學會面對自己的情緒、有話好好說。整理好心情，再面對別人，而不是

發洩在親人身上。

電腦和網路是無法避免的時代趨勢，**關於電腦的使用，以及休閒娛樂的時間，務必盡早和孩子共商限制、約定，以免未來沉迷、上癮。**

表明父母不是無理的強勢限制，只要他們能提出父母同意的規範並遵守，也能達成預設的表現目標，父母就不會嘮叨、干涉。

當親友來訪，為讓孩子參與，父母可事先準備

國、高中時期的孩子，多數都不喜歡和長輩相處聊天，您的孩子還願意打招呼，已經「及格」，不需要太介意。這種情況，通常到大學或職校階段開始社會化了，就會逐漸改善。

其實，孩子對親友的狀況不了解，生活經驗也不足以應付各種話題，難免覺得無法招架。

您不妨讓孩子知道媽媽理解他們對跟親友哈啦的不樂意，但**這些應對技巧，卻是不得不學習的社交禮貌。**

我以前會依來訪親友事件的重要性，先對孩子說明他們需要「出席」的時間

長短，指點一、兩樣，他們可能可以跟對方談的話題，教他們何時該站，或坐在哪裡，可以幫忙準備些什麼茶點，以及幾句應對的話，然後看時機說：「啊，明天要考試，您們慢慢聊，我先去念書了。」親友離開前，再叫孩子來送別。

與其讓孩子無聊，坐在旁邊看電視，不如提供這樣「體貼」的退場機制，孩子們都很樂意配合。

短時間，孩子也容易專心，更容易讓親友留下好印象。

只要您和親友互動得體、融洽，就是最好的身教。這些能力，孩子耳濡目染，在成年後就自然會表現出來。

教養TIPS

1. 青春期的孩子，身、心正面臨急遽變化，父母需要理解，才能從容應對，再以成人的智慧，持續給孩子方向和支持。
2. 當我們無法改變別人，至少我們要有能力讓自己快樂。無須為別人的固執，讓自己憂鬱，甚至傷害健康。

找出能與先生一起從事的活動

至於您的先生，世界上沒有樣樣好的事情，他若沒朋友、沒社交，往好處想，就是人在家，不會到不良場所或在外面鬼混，害老婆傷神。

他若不愛跟您回娘家，您就自己回去，還自由自在些，只要重要節慶、日子，他願意陪同出席就好了。

找機會跟他聊聊，告訴他，平時會尊重他的個性和喜好，但也希望他有時也能「勉為其難」的配合，因為**夫妻和親友的良好互動是孩子最好的學習榜樣**。

不妨找出他比較願意從事的活動或運動，夫妻一起固定去做（不一定要每天，每週一次也可），像是散步、看電影、到咖啡廳喝咖啡……都好。

放輕鬆，轉念與放下

對孩子、對先生都一樣，您就是盡量動腦，盡量邀約、鼓勵，但自己放輕鬆點，保持幽默感，畢竟大家都有獨立意志。

就算被拒絕，您也不需氣餒、煩心。找些自己喜愛的運動或學習活動去參加吧！

當我們無法改變別人，至少我們要有能力讓自己快樂。無須為別人的固執，讓自己憂鬱，甚至傷害健康。

當事情有轉圜餘地時，要盡力而為，但若實在難以改變，轉念與放下，就是最好的解決辦法。

父母可以這樣做

- 父母對孩子的期待、規範，絕對要說出來，但請盡量用「建議」，而非「指正」、「責備」的口吻。
- 如果孩子做錯事，還是要責罰，但罵過後，一定要好好溫柔說明，讓孩子感受到父母的管教是出於愛。
- 當親友來訪，不妨先對孩子說明他們需要「出席」的時間長短，指點一、兩樣，他們可以跟對方談的話題，教他們何時該站，或坐在哪裡，以及幾句應對的話等等。
- 找出先生比較願意從事的活動或運動，夫妻一起固定去做，像是散步、看電影、到咖啡廳喝咖啡……都好。

當成績不好，先生對孩子說：「你很丟臉」？

Q

我孩子小時候成績很好，總是全班第一。上國中後，他仍照以前的方式念書，也就是考前兩天才開始念，結果考不好。

我先生個性急，會直接說「你很丟臉」，或者「小時了了，大未必佳」這種話。小孩反彈很大，心裡也很受傷。

但爸爸在家裡比較權威，短時間很難改變。我該如何安撫孩子？

A

「激將法」是「險招」，父母請慎用

父母對孩子都會有期待，有期待本身不是壞事，只要孩子認同這樣的期待，親子就可以一起設定目標去努力，也會各自想出方法來鞭策、鼓勵去達成目標。

鞭策和鼓勵的方法有很多種，必須靠父母去看孩子的個性來選擇。有時只以「愛的教育」為理念，光讚美、鼓勵，而不指正、處罰，不見得是理想的方式。**適度的對事賞罰，孩子才能真的學會負起責任**。

「激將法」雖有時也會產生正面效果，不過這算是「險招」，必須適合孩子的個性，也要經過深思，用對時機。

孩子的觀念和思考邏輯還未成熟，如果只是不經思考的隨口嫌棄、責罵，對孩子會有負面的長期影響。

合理目標的設定，要靠親子共同努力

標準的設定也是非常重要的。專家主張比能力高一點點的目標，對孩子會有正面的激勵作用，但若是難度太高，甚至難以達成的「打高空」，讓孩子長期面對難以達成的挫折感，絕對不是好事。

合理目標的設定要靠親子共同努力，當然較有人生經驗的父母要負起比較大的評估和引導責任，並陪伴孩子從一次又一次的成功與失敗當中，學會勝不驕、敗不餒的態度。

別讓孩子錯誤放大成績的意義

我在我的親子教養書中曾談過這個觀念，也就是父母可以有期待，但是父母自己必須務實的了解，除少數的天才，每個人都有能力的極限。

進入國、高中以後，競爭越來越激烈，孩子也會在層層的考驗後，重新認識自己的「定位」，這是不得不面對的現實，但要如何在這樣的過程中，**讓孩子學會自我評估，並保持樂觀進取，才是父母最重要的課題**。

如果沒有為孩子打好這樣的心理基礎，只注重如何鞭策或幫助孩子名列前茅，一看到成績不理想就責罵，孩子會錯誤放大課業成績與名次的意義。

人生的成敗和意義，不是只有成績和學歷

以您孩子的狀況，您要先讓他明白人外有人，天外有天。在讀書這件事情上，努力才會有收穫，但並不是努力就一定可以名列前茅。還有，**「好好讀書」這件事的意義，您也必須深思出足以說服自己和孩子的理由，才有辦法勉勵孩子持續努力。**

認真學習是為了自己的人生打下良好基礎，但人生的成敗和意義不是只有成績和學歷。

國中課業難度提高，競爭對手也不同了，所以在讀書和準備的策略上，必須有所修

教養TIPS

1. 鞭策和鼓勵的方法有很多種，必須靠父母去看孩子的個性來選擇。
2. 父母可以有期待，但是父母自己必須了解，除少數的天才，每個人都有能力的極限。

正，並讓孩子知道，父母看的是有沒有盡力和努力，而不是成績名次的數字。

擔任先生與兒子間的橋梁

您要做的就是先為自己打好心理基礎，然後以柔軟的身段，幫忙兩個男生在另一邊做形象、說好話。

比方，在爸爸講了傷孩子自尊的話後，您一定要適時的告訴孩子，其實爸爸內心是因為愛他，只是心急講了不該說的話，並**認真「收集」一些爸爸對孩子愛的表現，在這種時候拿出來佐證，孩子才不會誤會爸爸因為功課不理想就看不起他、不愛他**。

即使爸爸比較權威，您還是要耐心的和爸爸深談，讓他不要再用這樣不恰當的評語打擊孩子。

小學能夠保持第一的孩子，通常自我要求已經很高。

進入青春期後的孩子很敏感，錯誤的評語可能引發不良的後果，務必要謹慎。

父母可以這樣做

- 父母請先讓孩子明白人外有人，天外有天。在讀書這件事情上，努力才會有收穫，但並不是努力就一定可以名列前茅。
- 讓孩子知道，父母看的是有沒有盡力和努力，而不是成績名次的數字。
- 為自己打好心理基礎，然後以柔軟的身段，幫忙先生與兒子，在另一邊做形象、說好話。

籃球與課業，能同時兼顧嗎？

Q

我的小兒子即將升國三，但他每天都在瘋籃球與電腦。籃球每天下午必打兩至三小時，等回家後，晚上已無體力複習功課，總是坐在書桌前打瞌睡。生活作息一團糟，我們之間親子衝突不斷。

我兒子總認為打籃球不會影響學業，可是事實明明就擺在眼前，他的成績大幅退步。

我應該怎麼說，讓他知道籃球可打，但課業也要兼顧呢？請教教我！

A

運動是青春期孩子宣洩躁動的好方法

常有人開玩笑說青春期的男孩子跟父母有仇。其實，十四歲以後的男孩子，體內的睪固酮濃度進入人生最高的階段，因此不論外表或內在，都會經歷很大的變化與騷動，而運動正是男孩子宣洩這些躁動不安，最理想的管道。

另外，他們還可以**藉由運動的競賽與團體活動，得到同儕認可，向外建立自己的社會關係**。

這是男孩子變得成熟、獨立前的風雨期，雖不可避免，但卻對人生發展有關鍵性的影響，需要父母耐著性子，用心以對。

母親，別成為「嘮叨歐巴桑」

如果能帶著這樣的理解，並先做好心理準備，父母在跟孩子的應對上，就可以預先調整，自然也可以減少親子間的對立與衝突。

像「籃球可打，但課業也要兼顧」這個訊息的道理其實很簡單，連孩子本身都懂，問題在於男孩子的自制能力比較不好。請再厲害的專家來說，也差不多就是這樣的內容，我想**真正關鍵性的差別，在於親子慣有的互動模式與父母的傳達方式**。

建議您從改善互動模式做起。東方父母對孩子的愛比較少掛在嘴上，尤其在孩子進入青春期後，親子都會感受到課業的壓力，男孩子在態度上又容易變得叛逆、沒耐性，因此許多父母的關心，常常只剩下「非念不可」的提醒和糾正。

這方面，做母親的尤其需要節制，免得被

教養TIPS

1. 春春期是男孩子變得成熟、獨立前的風雨期，對孩子的人生發展有關鍵性的影響，需要父母耐著性子，用心以對。
2. 別看青春期的孩子外表很酷，他們還是愛聽溫暖的話語與讚美，也期待得到父母的認同。

不懂事的孩子標籤為只在乎成績的「嘮叨歐巴桑」。

表達讚美、鼓勵，「稀釋」批評

別看這個年齡的孩子外表很酷，他們還是愛聽溫暖的話語與讚美，也期待得到父母的認同，因此比較簡單的做法，就是有意識的增加對孩子的同理心，認真觀察，去發掘孩子的優點，並藉由認同、理解他們的行為，誠意而不吝惜的表達各類對孩子的欣賞、讚美和鼓勵，以「稀釋」批評指教的比例，這樣孩子才不會以為爸媽看自己什麼都不順眼，到後來變得對父母的所有意見都帶著防衛心。

這個年紀的男孩子，通常很需要一個讓他信服的男性「模範」，最理想的人選就是父親。

如果爸爸無法有效扮演這樣的角色，最好能從叔伯、老師、教練、家教或親友的大哥哥中去找，讓孩子有機會常與他們談話、交流，建立關係，並增加熟悉度。

這樣的人的意見，對青春期的男孩子可以很有影響力。

證據＋理由＋改善方案

至於傳達方式，則應盡量從小時候的無微不至，轉成以「效能高，但次數少」為目標，目的當然也在避免自己的苦口婆心變成無效的嘮叨。

每當認為孩子有需要改善的行為時，請務必做好準備，收集足夠的證據（比方成績與作息確切受影響的數字與實例），想好各種有說服力的理由（能不能打動孩子比是非對錯更重要），以及改善方案（包括執行與獎懲方式），然後找孩子嚴肅、認真的討論，盡量做到只要父母開口，都可以達到某種程度的建設性改變，這樣孩子對父母的意見才會保持尊重。

最好能由孩子自己提出幾種可能的改善方案，比方像設定打球時數與成績表現的連動標準，再從中協調出雙方同意的做法。

因為**比起接受「命令」，父母的改善要求若能讓孩子覺得受到尊重，有自己可掌控的「選擇權」，孩子的感受會好很多**。

雙方達成共識後，就不要再重複碎碎念。不論獎或懲，只要說到做到的從行為面去執行。

應付青少年最好的方法

您還需要為自己設定一個目標，那就是「不動怒」，因為**「溫柔的堅持」就是應付火爆青少年最好的方法**。

請練習善用幽默感，因為一樣的叨念或意見，若能用玩笑、有趣的方式表達，結果常大不相同。

這個年紀的孩子對家庭的依賴其實還是很深，父母只要提升自己的高度，做好情緒管理，用心思考應對，掌握青少年期孩子的成長過程，絕非難事。

父母可以這樣做

- 父母應認真觀察，去發掘青春期孩子的優點，並藉由理解他們的行為，誠意的表達對孩子的讚美和鼓勵，以「稀釋」批評指教的比例。
- 當認為孩子有需要改善的行為時，父母請收集足夠的證據，想好有說服力的理由，以及改善方案（包括執行與獎懲方式）。
- 最好能由孩子提出幾種可能的改善方案，比方像設定打球時數與成績表現的連動標準，再從中協調出雙方同意的做法。

孩子愛抱怨，該怎麼開導？

Q

我兒子念高三，平日還算乖巧，但他從小只要一碰到不順利的事情時，就會情緒急躁，抱怨個不停，他最常有的結論就是：「我怎麼那麼倒楣。」

最近他蛀牙，很疼，我就帶他去以前熟悉但較遠的牙醫處看診，他就一路抱怨，抱怨別人為什麼不會像他這麼衰，考前才牙痛，害他花這麼多時間看醫生。

平時，我都盡量耐心安撫，但這次我也氣了，忍不住臭罵他一頓。

我擔心他將來出社會，一不順遂就怨天尤人。

請問該如何幫他改掉愛抱怨的習慣？

A

愛抱怨的確是一種表達上的習慣，雖然它反映了一個人面對挫折或問題時的根本思維和態度，但處理情緒的方法，以及面對問題的思考角度，應該是可以從小加以訓練、引導的。

讓孩子了解「傾訴」和「抱怨」的差異

孩子碰到問題或挫折時，應該要懂得訴說，以得到適切的發洩和求助，但父母必須透過耐心的說明與舉例，讓孩子分清「傾訴」和「抱怨」的差異。

當孩子再用不適當的表達方式時，就溫和或輕鬆、幽默的提醒。多經幾次，孩子自然就記得了。

比較理想的做法，當然是**孩子還小時，一有狀況就及時開導，才不會演變成**

「習慣」。

最好不要平時忍著不說，卻一次爆發。因為過度責罵，會引發不愉快，反而不易內化為孩子的理念與準則。

父母多準備「備用」範例

即使上了高中，只要孩子還在身邊，父母就有機會發揮影響力。不妨平時多想想一些孩子比人幸運的地方，作為「備用」範例。

當孩子抱怨時，就提醒他自己也有比別人幸運的地方，讓他知道每個人都有幸和不幸。

教養TIPS

1.其實，每個人都會碰到各種問題或考驗。我們以為別人過得比我們好，常常只是因為我們不知道別人的困擾。

2.即使上了高中，只要孩子還在身邊，父母就有機會發揮影響力。不妨多想一些孩子比別人幸運的地方，告訴孩子，讓孩子學會惜福，停止抱怨。

比方，他若長得高又挺，那他矮個子的同學天天怨嘆倒楣有用嗎？像我自己近年來開始有睡眠問題，跟朋友聊天、請教，才意外發現同齡者好多人早就靠安眠藥入睡多年。

其實，每個人都會碰到各式各樣的問題或考驗。我們以為別人過得比我們好，常常只是因為我們不知道別人的困擾。

以積極的面對、解決，取代訴苦

所以，該讓孩子明白，抱怨牙痛、倒楣是擾人不利己的。

那些看起來幸運的人，或許從他的牙疼事件中，就會檢討自己平時的牙齒清潔習慣是否需要改善，認真做好牙齒保健，下回牙齒就不會在不該痛的時候作怪了。

上天會給予每個人不一樣的考驗，但天助自助者，其實，很多時候，看起來幸運的人是因為他碰到困難時，並沒有到處訴苦，而是積極的面對，所以解決或改善了問題喔！

父母可以這樣做

- 從小，父母必須透過耐心的說明與舉例，讓孩子分清「傾訴」和「抱怨」的差異。
- 當孩子抱怨時，就提醒他自己也有比別人幸運的地方，讓他知道每個人都有幸和不幸。
- 從孩子的牙疼事件中，讓孩子檢討自己平時的清潔習慣是否需要改善，下回牙齒就不會作怪了。

火爆的青少年，怎麼溝通？

Q

我的獨子讀國一，先生在外地工作，不常在家，兒子小學表現不差，所以送他讀私中。起初還好，但上學期中開始，他的功課和學習態度卻每況愈下，對我更是不尊重。我苦口婆心規勸，甚至常軟弱掉淚，但他要的卻只是痛快的玩線上遊戲。他態度愈來愈火爆，我只能請爸爸出面，結果爸爸在時，他安分些，但只有我們兩人時，就故態復萌。

我知道青少年是狂飆期，但層出不窮的問題，讓我無助又傷心。我智慧、EQ不足，請您指點我該怎麼辦！

A

請您不要過度自責，其實不少家長都跟您有著同樣的困擾。網路帶來許多新的、前所未見的社會問題，別說一般人不知該如何處理，連專家、學者也仍欠缺長時間的觀察樣本和足夠的研究，來提出確切有效的應對方法。

隨著孩子長大，父母需提高尊重

比較理想的親子關係必須從小建立，若希望孩子能一直對父母保持信賴、尊重的態度，必須靠父母從幼兒期起，就細膩掌握親子間的談話與互動方式。

如果錯失青春期前的教養黃金期，孩子年紀愈大，自然愈往獨立自主之路走，當然也愈難事事配合父母心意和期待。所以，希望自己過得愉快些，就必須隨著孩子年齡成長，逐步自我調適，提高尊重並降低期待。

想調整孩子行為，父母必須下決心改變

眼前會有如此狀況發生，回頭檢討，必然可以找出原因。比方，爸爸長時間無法在家，媽媽的教養責任就比較辛苦重大，然而您似乎在個性上比較溫婉，難以堅持，讓不懂事的孩子發現，可以利用這一點達到他的目的。

一個孩子個性、習慣的養成，相處時間最長的家長影響最大，因此您若期待狀況改善，在爸爸的工作不變的情況下，您自己的觀念、行為，以及和孩子的相處模式，都必須下決心改變才行。

參考相關書籍或向專家請教

現在坊間很多教養書籍，網路上也有不少文章，您還是可以持續找一些諮商師對類似案例的建議來參考，或到學校找輔導室老師請教。

無論如何，我希望您能常常提醒自己，**現在的孩子所面對的各類玩樂誘惑，比我們以前大多了**。我常在演講中跟家長們分享，如果我小時候有那麼多吸引人的遊戲可玩，我大概也不會好好念書。

抱持同理心

人性本來就好逸惡勞，要抗拒逸樂，需要多麼大的信念與毅力來支撐！因此，若能**對孩子抱持同理心，不要總認為孩子自動自發的就該懂得要自我約束和好好用功**，我們在「糾正」或提出「要求」的時候，就會技巧性的避開無效的嘮叨和口號式的大道理，也較能深入思考對策。

男孩子的成長過程因為罣固酮的關係，需要「臣服」於老大的領導，因此父母的領導角色很重要。

如果您無法提出他能信服的觀念、想法來說服他，落淚變成示弱，只會讓您在親子關係中的地位每況愈下。

根據我了解，媽媽對兒子的管教，形式上幽默搞笑或賴皮撒嬌，都比落淚示弱效果好。

教養TIPS

1. 男孩子的成長過程因為罣固酮的關係，需要「臣服」於老大的領導，因此父母的領導角色很重要。
2. 請您為自己訂出一些自我調整的生活目標，不論是興趣寄託，或學習新知，都可以讓自己生活有重心，並感到自信、快樂。

改變管教者和學習環境

您的孩子才國一，現在的處理難度絕對低於未來。不過父母對孩子的掌握力通常跟自己的個性有關，很難在短時間內調整。

如果您覺得跟孩子交手實在很辛苦，卻又很想改善，大概只能修正對孩子的學業規劃和期待，讓自己退出第一線，從改變管教者和學習環境做起。

舉例來說，有些家長感到力不從心，就會為孩子選擇嚴格的住宿學校、宗教學校或軍校；倘若孩子不適應或無心讀書，就徹底修改學業規劃，讓孩子脫離無法適應或感到挫折的學習環境，找孩子有興趣的職業生涯。

父母與孩子一起訂下規範

請您跟先生好好商量，想好幾種方案、對策，然後找孩子來好好談。獨生子向來備受呵護，這是讓他開始學習負責的時候了。

辛苦供給他讀好學校，是他必須爭取的「福利」，不該是父母求他去的，因此您們應該三人共同討論出他未來幾年的學涯規劃，和必須遵守的行為、規範，訂定合理可期的目標與分明的賞罰規則，並確實執行。

如果他做得好，就給他該得的獎勵，沒做到，就懲罰，甚至改變學習環境。至於詳細該如何執行，則須由您們夫妻就家庭條件與狀況好好商討。

也請您為自己訂出一些自我調整的生活目標，不論是興趣寄託或是學習新知新技，都可以讓自己生活有重心，並感到自信、快樂。

多與值得信任、請教的親友往來，平時有煩惱的時候，才有人可以訴說分享、調適心情。

父母可以這樣做

- 坊間有很多教養書籍，或找一些諮商師對類似案例的建議來參考，以及到學校找輔導室老師請教。
- 媽媽對兒子的管教，形式上幽默搞笑或賴皮撒嬌，比落淚示弱效果好。
- 如果您覺得跟孩子交手很辛苦，卻又很想改善，那麼，不妨從改變管教者和學習環境做起，例如寄宿學校等等。
- 與先生、孩子三人共同討論出孩子未來幾年的學涯規劃，訂定合理的目標與分明的賞罰規則，並確實執行。

兒子是同性戀？怎麼辦？

Q

我兒子是國中生，我和先生都懷疑他的性向有問題。他喜歡在書本上畫愛心，並寫上自己和班上男同學的名字，我也發現他的手機裡，有許多男生的裸體照片，這讓我感到焦慮又無助。

這階段的孩子不是會對異性產生好奇嗎？我兒子這種情形，我們該如何處理？請問有什麼單位，可以輔導、協助？

A

父母，請先穩住自己的心情

其實，現在和您有一樣困擾的父母，為數不少。請您萬萬不要因為焦慮而亂了手腳！成長中的孩子需要您們的智慧引導，先穩定自己的心情，好好整理思緒，才能夠找出最理想的做法。

青春期孩子會開始尋求家庭以外的情感寄託，這是孩子發展性別認同的關鍵時期，不過隨著生理和心理的變化，孩子還會持續探詢、摸索，更會因為所處環境和接觸的人事物而不斷改變，所以青春期是個混沌未明的階段。

避免幫孩子貼標籤

您現在所觀察到的情況，可能只是過渡期的表現，並不表示孩子現在或將來一定如此，因此在跟孩子談論相關話題時，千萬不要驚慌責罵和幫孩子貼標籤，給孩子過大的壓力。

青春期的孩子的確會開始對「性」有興趣，但不一定是異性。此外，**「性別認同」和「同性戀」並非同一件事**，需要您耐心、細心的觀察，更需要您以開放的態度面對，才有辦法了解孩子真正的狀況。

有些事情可以是非論斷，比方像賭博和吸毒這類的行為，做父母的一定要盡一切努力去阻止、改正，但「性別認同」、「愛」和「喜歡」卻是強迫不來的。

我們不一定要強迫自己去鼓勵、認同某些觀念、行為，但必須要學會諒解和尊重，才有辦法贏得孩子的信任，讓孩子對我們敞開胸懷。

通常這樣的孩子，本身就已經承受了很大的壓力，如果最親密的家人不能給予包容，將會把孩子推向更艱苦的處境。

父母，請回想自己生養孩子的初心

我們所生活的世界，隨著教育程度的普及和傳播媒介的自由化，各個角落都以各自不同的速度，往多元開放之路前進。

如果我們能回頭看歷史，就會發現也不過三、四十年前，婚前性行為和未婚生子在社會上還是非常「見不得人」的事情，但現在呢？既然社會觀感在短時間就可以有這麼大的轉變，那在這個時間點上的我們，對於眼前自己認定為「嚴重而不可動搖」的某些觀念、態度，究竟值得花多大的代價去捍衛？

面對這一類的狀況，我常希望家長們能夠一再提醒自己生養孩子的初心與真心，因為在親子對立衝突後，孩子若發生自我傷害的情況，多數家長才會發現自己對孩子真正的期望，不過是健康、快樂。

教養TIPS

1. 有些事情可以是非論斷，比方像賭博這類的行為，做父母的一定要盡一切努力去改正，但「性別認同」、「愛」和「喜歡」卻是強迫不來的。
2. 我們不一定要強迫自己去認同某些觀念、行為，但必須要學會諒解和尊重，才有辦法贏得孩子信任，讓孩子對我們敞開胸懷。

尋求專業協助

去年底開始，醫界已將「性別認同障礙」從精神科的疾病中「除名」，表示性別認同不再被認為是疾病或不正常。

您可以在網路上搜尋「性別認同」、「性別自主」等相關新聞報導和學術報告，多蒐集相關資料，了解社會趨勢的變化。

想要給孩子最適切、理想的引導，您一定要先做好各種可能性的心理調適與準備。

您可以嘗試聯絡：

張老師全球資訊網 http://www.1980.org.tw/web3-20101110/service.html 或各縣市政府衛生局社區心理衛生中心（以下連結為台北市）http://mental.health.gov.tw/WebForm/MessageDetail.aspx?InfoID=a0a7cd124dce4f73a515dd441431a759

您也可以上光寶文教基金會的心理治療諮商輔導轉介資源網站 http://www.liteoncf.org.tw/wealth/a3.htm

不妨由大人先去諮商，得到您認同的專業協助後，再決定如何著手處理孩子的狀況。

父母可以這樣做

- 父母在跟孩子談論相關話題時，千萬不要驚慌責罵和幫孩子貼標籤，給孩子過大的壓力。
- 父母們請提醒自己生養孩子的初心，因為在親子衝突後，孩子若發生自我傷害的情況，多數家長才會發現自己對孩子的期望，不過是健康、快樂。
- 不妨由大人先去諮商，得到您認同的專業協助後，再決定如何著手處理孩子的狀況。

讀國中的女兒與網友見面，該阻止嗎？

Q

我的女兒目前讀國中二年級，最近，我發現她與網友見面無數次，更讓人擔心的是對方年紀已有三十歲，而且他編了很多謊言來欺騙她，女兒卻還陶醉在其中，覺得對方溫柔又體貼。

請問您可以給我什麼好的建議及處理方法嗎？

我現在每天都處在焦慮的狀態，快崩潰了。

A

孩子的交友觀念，父母需從小在談話中自然帶到

女孩子大約在高年級就進入青春期了，由於女孩子比男孩子早熟，所以一些關於交友和情感的觀念、處理方式以及識人能力，最好能趁著父母比較有影響力的時候，從小就在談話中自然帶到，讓孩子在身心上比較有準備。

一旦進入青春期以後，孩子一定會想對外發展，這時父母才要強勢干預，很難不引發對立或衝突。

放下批評，先理解與同理

孩子交友、感情的問題因為牽涉到別的人，處理起來複雜度比較高。

當孩子喜歡上一個人，一定是覺得對方很好，這時父母在沒有證據或實例的狀況下去批評對方，孩子一定聽不進去。

眼前也只能先接受孩子結交網友的情況已經發生，盡量對孩子的行為表現理解和同理心，維持良好的親子關係，以了解孩子的狀態，再利用機會，技巧性的表達自己的意見。

言談上，請注意傳達的技巧。對孩子講大道理，還不如提示各種行為對孩子本身的現實利弊；提醒孩子自己還未成年，說明相關的法律問題及如何保護自己，確實讓孩子感受到父母的意見是為自己好。

教養TIPS

1. 關於交友和情感的觀念、處理方式，最好能趁著父母比較有影響力時，從小就在談話中自然帶到，讓孩子在身心上有準備。
2. 當孩子喜歡上一個人，一定是覺得對方很好，這時父母在沒有實例的狀況下去批評對方，孩子一定聽不進去。

對青春期以後的孩子表達意見，不能再像過去那麼直接，必須記得「停、看、聽」和「投藥，務必先包糖衣」的原則。

自己一定要做好準備，收集足夠的資訊，像是親友的故事，或社會上發生的實例，以佐證自己的論點。若能找到親友中的大姊姊來陪孩子聊聊，或許會有幫助。

這樣的情況，的確會讓多數父母非常擔心，但大人自己要先穩住陣腳，才有辦法應對。如果真的太焦慮，不知從何著手，家長不妨自己先去找專業的諮商師，請教比較理想的做法。

父母可以這樣做

- 請先接受孩子結交網友的情況已經發生，盡量對孩子的行為表現同理心，再利用機會，技巧性的表達自己的意見。
- 對孩子講大道理，還不如提醒孩子，自己還未成年，說明相關的法律問題及如何保護自己。
- 如果真的太焦慮，不知從何著手，家長不妨先去找專業的諮商師，請教比較理想的做法。

讀國中的女兒失戀了，該如何幫她？

Q

我與先生認為功課及學歷並不重要，重要的是在校學會人際相處，因此提早體會戀愛的酸甜苦辣無妨，總比將來一頭栽進去無法自拔好，所以當女兒國二有小男友時並不反對，也趁機教她如何應對，及與對方家長的相處之道。

最近女兒與男友有較親密行為違反校規，老師通知我及對方家長。

第二天回來似乎分手了，女兒表現正常說不想談，但看她偷偷落淚，心裡不捨！我們相處融洽，這次她不想討論此事，我也不強迫，但不知我的教養方式是否反而害了她？

A

我覺得您的教養理念和態度都非常好，更是個非常關心孩子感受的細膩媽媽，難怪可以和孩子保持良好的關係。

目前您的女兒，正在品嘗您所說的酸甜苦辣；這次發生的情況，讓她必須與喜歡的人分手，並面對責罵、限制，即使苦澀，卻是她從中學習與成長的最好機會。

少講「道理」，多跟孩子講「故事」

難過的事情剛發生時，孩子暫時不想說沒有關係，不過隔幾天後，還是要開始找機會和孩子談，因為放孩子自己療傷，整理出來的觀念、態度不見得符合您的理想。

聊新聞事件、談親友案例，甚至自己的親身經驗都好——少講「道理」，多跟孩子講「故事」。只要親子關係良好，父母的影響力可以一直延續到孩子離開家前。

關於感情，父母需與孩子溝通的觀念

關於孩子的感情問題，以下是我個人認為，需要常常跟高中以下孩子「溝通」的幾個觀念：

人的一生能碰到喜歡的人，是非常棒的事情；如果能親身體會戀愛的滋味，也很幸福！不過法律既然會認定某個年齡以下是「未成年」，就表示身心成熟度不足，也還沒有能力擔負社會責任，因此最好保持在互相欣賞的狀態就好，盡量不要進入談戀愛的深度關係。

父母都是「過來人」，完全可以了解青春期後，開始會對異性和兩性關係好奇、感興趣，這是非常正常的現象。

不過慾望是很難控制的，法律為了保護未成年人而有些刑法上的規定，像是與未成年人發生性關係可能觸法等等，所以即使正常的戀愛交往，也必須要慎重，最好避免發生進一步的親密關係，否則一旦分手或反目，尤其是女孩子，身心都可能會受到很大的傷害。身體的碰觸就是生理慾望的催化劑，最好能節制。

人的喜好、興趣、眼界、想法，都會隨著年紀成長而改變（這一點，很容易從個人經驗去印證），因此，現在覺得喜歡的人，將來的感受可能會不一樣。

還有，高中、大學到不同的學校後，時空的轉換很容易讓感情變質。最好多交朋友，等年紀大一點，較為成熟穩定，增加了識人的能力，也更確定自己的心意後，再考慮進一步交往。

鼓勵孩子多與自己討論情感的問題

愛情可以濃烈，卻也可能消失無蹤。關於情感上的對象、交往狀況與困擾，一定要多跟父母分享、討論，因為父母對子女的關懷與愛

教養TIPS

1. 少講「道理」，多跟孩子講「故事」。只要親子關係良好，父母的影響力可以延續到孩子離開家前。
2. 如何整理出清楚、合理的觀念，並找到適當的方法，將理念成功的傳達給子女，就是父母的功課。

永遠不會改變，各種意見的出發點多是為了保護自己的孩子，參考價值很高。

成績好壞不重要，但功課和學歷並非不重要。**功課是求得學問與學歷必需的操練，學歷則是某些能力的證明**，可以幫助我們求職時跨越一些門檻，因此當學生的責任就是追求自己的最佳表現。

大學以下的學歷，在出社會以後就很難改變，如果不希望將來後悔，就該好好把握國、高中階段的學習機會。努力過後，就算無法得到好成績也沒有關係，至少要養成認真、負責、努力的態度。

父母的必要功課

以整個人生的收穫來看，國、高中階段把時間放在學習，不論是課業或興趣、才藝，比起放在經營感情上，投資報酬率應該高很多。

當然，每個父母都有自己認為重要，希望兒女具備的觀念。道理說起來都很簡單，但如何整理出清楚、合理的觀念，並找到適當的方法，將理念成功的傳達給子女，就是父母的功課。

您的孩子還小，您還有很多可以使力的地方，所以，加油囉！

父母可以這樣做

- 難過的事情剛發生時，孩子暫時不想說沒有關係，不過隔幾天後，還是要找機會和孩子談。
- 找機會告訴孩子，青春期後，會對異性好奇、感興趣，是非常正常的現象。
- 鼓勵孩子，最好多交朋友，等年紀大一點，較為成熟穩定，也更確定自己的心意後，再考慮進一步交往。
- 讓孩子了解，關於情感上的對象、交往狀況與困擾，一定要多跟父母分享、討論。

兒子的學習環境不佳？

Q

小犬剛升高二，他班上的老師教學極不認真，以致全班都沒有讀書風氣，上課不是大剌剌的把玩手機，就是直接趴著睡覺，根本沒把老師放在眼裡。還有段考幾乎都洩漏考題，沒讀書的學生也能輕鬆過關。

小犬比較有心求學，所以提議說想轉去較好的環境念書，希望將來考上比較好的公立大學。

我想請教萬一小犬轉至他校，仍有相同問題發生，該怎麼處理才好？另外，小犬想轉學，會不會是他的抗壓性不夠？

A

父母請抱持同理心

國、高中的孩子在校時間長，與父母的相處時間少，所以生活重心本來就會放在同儕身上，學習環境對孩子的確會有很大的影響。

對正處躁動年紀的男孩子，父母一定要抱持同理心，對孩子的自律能力不能期待太高。

如果孩子能有可以相互砥礪、提攜的同學，對親子來說都是非常幸運的。

十二年國教才剛起步，距高中均質化還有很長的一段路要走。目前高中的學習環境，各校間的確有學生平均素質上的落差，這也就是家長們用盡方法，也想把孩子送進明星學校的原因。

找出影響孩子學習意願的原因

不過，除了各校間的差異，即使在同一個學校裡，各班間的學習風氣也不一樣，像導師的領導風格、授課老師的用心度，以及同學的互動相處等等，有許多其他因素都可能影響孩子的學習意願。

倘若不是轉入明星學校，而只是從水平相去不遠的A校轉到B校，您所擔憂的「相同問題」風險就必然存在。

因此，當孩子面對這些青春期的「外力影響」時，其實考驗的是父母從小為孩子打的親子教育基礎。

有沒有辦法在國、高中階段，提供足夠的「拉力」和「向心力」，進一步培養出抗拒環境誘惑和影響的自制力。

教養TIPS

1. 對正處躁動年紀的男孩子，父母一定要抱持同理心，對孩子的自律能力不能期待太高。
2. 當孩子面對青春期的「外力影響」時，考驗的是父母從小為孩子打的親子教育基礎。有沒有辦法提供足夠的「拉力」和「向心力」，進一步培養出自制力。

尋求資源，多方了解

如果孩子真的有心讀書，學費也不會造成家庭壓力的話，一些風評上對生活和課程管理都相對嚴格的私立學校，或許是比較容易感受到轉學效果的選項。

不妨先問孩子有沒有比較投緣或認真教學的老師，找時間去拜訪，除了從老師角度了解孩子的在校表現，也可趁機觀察，孩子想轉學，有沒有其他您所不知道的原因。

您還可以去請教在國、高中任教的親友，因為他們在教育的第一線，又了解您家庭的狀況，應該可以建議您最實際可行的方法。

父母可以這樣做

- 如果孩子有心讀書，學費也不會造成家庭壓力的話，一些嚴格的私立學校，或許是比較容易感受到轉學效果的選項。
- 或詢問孩子有沒有比較投緣或認真教學的老師，父母找時間去拜訪。
- 或者請教在國、高中任教的親友，因為他們在教育的第一線，應該可以建議您最實際可行的方法。

孩子口無遮攔，怎麼辦？

Q

我讀國中的兒子常口無遮攔，叫父母都加上不雅稱呼，如XX爸爸、○○媽咪，又配上怪聲怪調做鬼臉，讓我先生很生氣，說孩子太不尊重長輩，追著兒子想揍他，還常說我們小時候那個年代，誰敢這樣跟父母說話！

我自己是覺得還好，兒子把我們當朋友、鬧著玩，有什麼關係？先生卻怪我太寵小孩，認為若讓孩子養成壞習慣，到外面引起衝突怎麼辦，我們常因此吵起來，家裡的氣氛於是也很糟，該怎麼辦？

A

青春期孩子為什麼髒話不離口？

青春期是孩子向外探索、發展獨立自我的過程，身心的劇烈變化都會在言行中表現出來。

多數男孩子在國、高中都會經歷髒話不離口的階段，目的就是要藉由認同同儕與挑戰權威，逐步界定自己與外界的關係。

只要家長平日沒有飆髒話的習慣，造成長遠的壞影響，多數孩子在成年後就會改善，因此除非事態嚴重，家長最好放輕鬆點，自然可以減少許多不必要的衝突。

父母，別跟孩子「一般見識」

若希望和孩子一起平和的度過青春風暴期，父母必須能夠預知和掌握孩子的發展與變化，眼光放遠，並管理好自己的情緒。

在各種狀況中，提升自己的高度，不要跟孩子「一般見識」，才有辦法得到孩子的認同與尊敬。

時代一直在變，家長不宜事事以自己當年的情形來當標準。對孩子說教，最好花點精神，了解社會現況與青少年文化。

找機會，提點孩子

比方像「屁啦」、「爽」這類「古時候」的髒話，現在一般都能接受。

不如讓孩子在家裡「暢所欲言」，因此父母若能確實分辨，就可

教養TIPS

1. 多數男孩在國、高中都會髒話不離口，目的是要藉由認同同儕與挑戰權威，界定自己與外界的關係。
2. 時代一直在變，家長不宜事事以自己當年的情形來當標準。最好花點精神，了解社會現況與青少年文化。

知道對哪些用詞不必太大驚小怪，甚至不妨同樂同鬧，哪些則要堅定、嚴肅的提醒孩子注意對象、場合。

依您舉的例子，您家兒子還屬於玩笑等級，不必太在意。只要找機會，提點孩子禮貌、對他人感受的尊重，以及該如何看場合、對象說話。

您也可以從書籍或網路收集一些專家對青少年這類行為的分析、解說，理性、誠懇的提供給先生參考，雙方再共同討論出統一的態度來面對孩子。

父母可以這樣做

- 您家兒子還屬於玩笑等級，不必太在意。只要找機會，提點孩子禮貌，以及該如何看場合、對象說話。
- 您也可以從書籍或網路，收集一些專家對青少年這類行為的分析，提供給先生參考，雙方再共同討論出統一的態度來面對孩子。

孩子考試容易緊張？

Q

我讀國中的女兒，成績一直不錯，我和先生也都對她相當放心，但她很容易緊張，每到考前不是拉肚子，就是感冒，所以常常因此考不好。

我們其實都沒給她太多壓力，也都會提醒她要放輕鬆，所以實在不懂為什麼她老是這樣。

她需要看醫生嗎？請問有什麼方法可以處理這個問題？

A

無所不在的「壓力」

「壓力」實在很麻煩，正因為難處理，才會導致現代人這麼多的身心疾病。

成績不錯的孩子，通常自我要求高，所以就算父母沒給壓力，孩子還是會因為擔心考不好而焦慮。

有些人在個性上就是比較容易緊張，甚至在不自覺的狀況下就肌肉緊繃或心悸等等，進一步還會造成腹瀉、失眠之類的症狀，這些都很難光靠「告訴自己不要緊張」就得以解決。

孩子需要學會如何紓壓

如果症狀較嚴重，影響到作息或健康，就要找專業醫師評估；不過**情況若非很嚴重，父母不要太過在意，一直提醒，因為這反而會讓壓力倍增**。選擇醫療、輔導機構更需審慎，不可輕率倚賴藥物，以求速解。

其實，人的一生隨著年齡、環境變化，持續會有新的責任和考驗，必然一再產生壓力，而適度的壓力和緊張感，正是自我鞭策的動力。

我覺得孩子比較需要的，是學會面對壓力時的紓壓能力，而不是一再的強調該如何全面排除壓力。

聊天，調整飲食及運動

在心理方面，可以多和孩子聊天。讓孩子了解生活上有壓力是常態，明白人生是長跑，而非一試定江山，進而

教養TIPS

1. 人的一生隨著年齡，持續會有新的責任和考驗，必然一再產生壓力，而適度的壓力，正是自我鞭策的動力。
2. 孩子比較需要的，是學會面對壓力時的紓壓能力，而不是一再的強調如何排除壓力。

學會如何為自己設定合理可期的目標，並保持盡人事聽天命的積極、樂觀態度。

在身體方面，除了在考前調整飲食，減少易造成腹瀉的食物，並補充水分和維他命C，避免感冒，還要協助孩子找出不打分數，能真正放鬆心情的休閒活動，作為抽離調適的管道。

舉例來說，**無競爭性的固定運動就是最好的紓壓方式之一**，較靜態的，則可以找些動手，但不需大量動腦的興趣、活動，像是書畫、編織等。聽音樂、靜坐或瑜伽，也有不錯的效果，不妨親子一起嘗試看看喔！

父母可以這樣做

- 父母可以多和孩子聊天。讓孩子了解生活上有壓力是常態，明白人生是長跑，而非一試定江山。
- 協助孩子在考前調整飲食，減少易造成腹瀉的食物，並補充水分和維他命C，避免感冒。
- 運動，也是極好的紓壓方式，或書畫、編織、聽音樂等，也有不錯的效果。

讀高中的女兒該不該和男友分手？

Q

我女兒上高中後和同學談起小戀愛，我看孩子的作息、課業沒受影響，個性、觀念和成熟度也互有成長，就持開明態度，也表明歡迎女兒帶男友來家裡玩。

後來兩人雖考上不同大學，也還持續往來，但前晚女兒卻難過的說，男友父母直到最近才知道她的存在，而且似乎認為女兒讀的校系「不夠理想」，至於男孩子雖說感情沒生變，但言明父母希望他轉學國外，所以若女兒提出分手，他能了解。

女兒說，因為男友的學業表現和家境都不錯，常讓女兒覺得自己笨，跟他在一起，其實一直都有點壓力，不過，這些壓力女兒都沒有跟他說。女兒問我會不會幾年青春換一場空？這段感情究竟該不該談下去？我該建議女兒分手嗎？

A

當孩子面臨困難或抉擇時，多數的父母因為害怕孩子失敗、吃苦，因而急於幫兒女找答案。

其實沒有人可預知未來，多數的人生抉擇，更無對錯可言，父母只能盡力以生活經驗與智慧，提供孩子意見參考。

成年孩子在面對問題時，必須學會多方考量、深思熟慮後自己做決定，並對自己的決定負責。

建議女兒，問自己的內心

即使當下兩人深深相愛，並以結婚為前提交往，也沒人敢保證未來就一定不會有變化。

不妨建議女兒仔細觀察、了解，男友說這話，是試探性的表達分手意願？還是真的為她著想？趁年輕，給自己一個新的開始與更多的選擇當然很好，不過，別忘了，**跟任何人相處都會有不同的壓力，而壓力正是成長的契機**。

她必須問自己，跟這個人在一起所得到的幸福快樂，究竟值不值得她去努力克服這些壓力？而不是委屈迎合？

教養TIPS

1. 當孩子面臨困難或抉擇時，多數的父母因為害怕孩子失敗、吃苦，因而急於幫兒女找答案。
2. 不過沒有人可預知未來，父母只能盡力以生活經驗與智慧，提供孩子意見參考。

人生的經驗與學習

現在的孩子常識豐富，懂得現實考量與自我保護，不過**感情需要持續的經營、**

努力，才會有好的發展。

人生和感情是很難「算計」的，只要雙方都曾真心努力的付出，**一段感情不論終究能否開花結果，都是很好的人生經驗與學習。**

父母可以這樣做

- 請建議女兒仔細觀察、了解，她的男友是試探性的表達分手意願？還是真的為她著想？
- 請女兒問自己，跟這個人在一起所得到的幸福快樂，究竟值不值得她去努力克服這些壓力？而不是委屈迎合？

母親想念兒子，如何是好？

Q

我離婚十餘年，有兩子，監護權歸前夫，但小兒子國中畢業後要求搬來與我同住，我們互動良好。單親日子不輕鬆，不過對這甜蜜的負擔，我甘之如飴。

但其實在我心底，卻長期有巨石重壓般的感受，那就是老大在我離婚時，他正值青春叛逆期，所以對我們離婚之事極不諒解。之後雖然斷斷續續有一起吃過飯，可是從當兵前，我們就再也沒有互動。

我去找過他，告訴他離婚是無奈的選擇，我也知道離婚帶給他的傷害，我向他道歉，希望他給我彌補的機會。數月前，我去他工作的地方找他，但他反應冷淡，讓我感到好無助。為什麼我用生命去愛的親人，可以如此冷漠？

A

讀您的信，感覺很心疼。

家庭生活不圓滿、父母離異，受傷最深的通常是剛進入青春期的孩子，因為他們已經有複雜的情緒思考，去醞釀不平的感受與恨意，卻沒有足夠的經驗和安全感來處理這樣的打擊與變化。

此時，孩子身邊若沒有穩定又有智慧的長者指引，在某些方面的成熟度和信任感，可能至今都還是欠缺的。

同理與理解孩子的內心

愛與信任的基礎，需要大量的時間與互動。雖然您自內心以生命來愛和想念這個孩子，但十幾年的欠缺，很難靠幾次見面吃飯就予以填補。

這些年來，他一直沒機會藉由母子關係來學習和女性相處的方式。我猜想他內心深處，應該很羨慕當初弟弟可以放下面子和心防，來向媽媽撒嬌。

您必須真正理解這一點，才有辦法釋懷。

讓自己走出罪惡感

我希望您自己要先走出這種罪惡感，以一個盡責、合理的媽媽角色給他該有的關懷，而不是硬塞給他一個贖罪的母親。

人們常說父母的付出是不求回報的，既然您決心要補償他，那可否把您為他所做的一

教養TIPS

1. 家庭生活不圓滿、父母離異，受傷最深的通常是剛進入青春期的孩子。
2. 在孩子內心深處，應該很羨慕當初弟弟可以來向媽媽撒嬌。您必須先理解這一點，才有辦法釋懷。

切，定調為「不求回應的付出」!?

兒子入社會後將有更深刻的經驗與觀察，慢慢的，他一定會有所體會和轉變。

我相信您只要放下得失心，歡喜誠意的去做，上天一定會安排在最好的時機，讓您再續母子情緣！

父母可以這樣做

- 請您先走出罪惡感，以一個盡責、合理的媽媽角色，給他該有的關懷，而不是硬塞給他一個贖罪的母親。
- 既然您決心要補償他，請您把為他所做的一切，定調為「不求回應的付出」，那麼才有機會再續母子情緣。

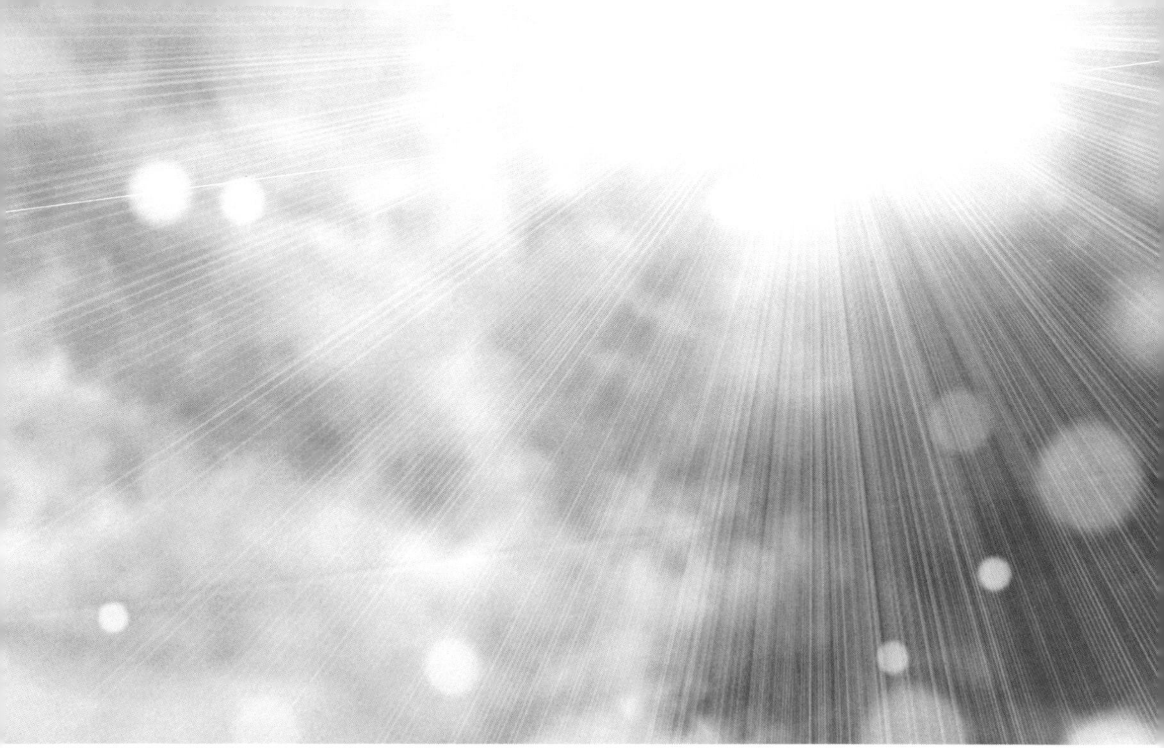

Chapter3

如何面對晚熟的大學生？

（大學～成年）

兒子臉書成癮，怎麼辦？

Q

我兒子現在讀大一，他去年突然變成不愛講話。我們是民主的父母，上大學，幫他辦了智慧型手機，但從那時起，他開始沉迷臉書。

他在臉書上跟朋友互動良好，我試用FB跟他聊，但效果有限，幾個月前，他關閉了動態，不再跟家人互動，讓我非常恐慌！我多次表達心情，他卻無動於衷；我很想暫停他的手機上網，但又怕反效果。

現在他面對親人總臭著臉，不言不語不笑，只有玩FB時，嘴角會抽動！請問我應該如何做？怎樣能讓他回復以前的個性？

A

集體的社會現象

關於網路成癮，之前的家長提問，多半是憂心孩子沉迷線上遊戲或流連網咖，但最近幾個月來，我收到不少家長來信，卻都已變成急於了解，如何能讓每天掛在臉書上的孩子「戒癮」。

光看有多少成年人和上班族也成了低頭族和臉書控，就不難發現，社交網站成癮症已然成為一種集體的社會現象，不再只是孩子或學生的問題。

就好比一種流行病毒，多數人不論年紀都難逃感染，只有身體好、抵抗力夠強，或從不接觸的人，才能倖免於難。

延後孩子接觸網路，並對孩子說明使用「規範」

像網路成癮這類的「行為」上癮，跟毒品類的上癮不同；後者有可能因一時好奇，嘗試幾次即誤入歧途，但前者通常需要經過一段時間的接觸，才會養成上癮現象。因此，唯一的避免方法，只有預防性的盡量延後孩子與這類東西的接觸，或從小管制孩子上網的時間及瀏覽的網站。

問題是，大學生算是成人了，如果事前未做防範，親子之間的溝通管道又不再暢通。老實說，除了財務方面的控制，父母已經無計可施。

所以**孩子經濟尚未獨立之前，如果家長想提供孩子任何「福利」，最好能把一些規範講在前面，比方話費上限及使用限制等等**。

若待孩子發生狀況，且養成習慣之後，父母才想強勢干預，對孩子來說就是一種「剝奪」，勢必形成親子衝突。

逐步放手，並調整期待，是父母的功課

其實，上大學對孩子來說是相當大的階段性變化，幾乎所有孩子的生活、社交

和讀書上課方式，都會產生極大的改變，不但會變得較為獨立自主，與家人的互動與相處時間，也不可避免的會大幅縮減。

家長們對這樣的變化最好有心理準備，及早建立後續的互動模式，然後逐步放手，減少控管、干涉，才不會因為不適應孩子離家或抱持錯誤期待，造成雙方壓力。

當然，即使相處時間減少，理想狀況下的孩子，應該還是跟父母、家人保持良好的互動與關係，理論上，還會因為成熟度增加，與大人相處的禮貌、應對，更加進步。

所以，我想請您先好好的想一想，孩子上大學後，您有沒有因應孩子的成長做足心理建設，調整對孩子的期待？

比方，孩子若願意把父母加為臉書朋友就不錯了，那**父母有沒有提醒自己不要隨意留言，或動輒對孩子的留言動態發表意見、批評指教？自己有沒有可以修正、檢討的地方？**

與孩子一起討論出改善的目標

如果您仔細思考過後，還是覺得孩子的問題滿嚴重，我建議您先不要逼孩子去諮商或看醫生，因為孩子會抗拒。

不如由您自己先去學校輔導室，或找心理諮商師商談，請教如何讓孩子願意和父母一起面對問題的方法，您再參酌採行。

您同時也可以看孩子進大學的成績狀況，觀察孩子在課業上面有沒有受到影響。

倘若您想自己跟孩子談，請您考量清楚，他這個年紀，父母應該容許的改變有哪些，**把目標放在「改善不理想的現況」，而非「讓他回復以前的個性」**。

將您覺得他需要修正的態度、行為表列下來，針對每個項目，寫

教養TIPS

1. 上大學對孩子來說，幾乎生活、社交和讀書上課方式，都會產生極大改變。家長們要有心理準備，及早建立後續的互動模式，然後逐步放手。
2. 若孩子網路成癮問題嚴重，父母先不要逼孩子去看醫生。不如由父母先去輔導室，或找諮商師商談，請教如何讓孩子願意和父母一起面對問題。
3. 通常孩子會排斥父母強勢的禁止，但比較能接受父母提供建議與選擇。

下他目前表現不理想的地方和您的期待，模擬孩子可能會有的反應，然後在兩者間預想一些各退一步的中間選項，自己先做好準備。

請孩子提出雙方可以接受的改善方案

跟孩子談的時候，請記得一定不要責罵。對於社交網站的必要性和吸引力，從頭到尾都要表現出認同、理解的態度，只清楚、平靜的陳述自己的憂慮，包括家人感受到的傷害和難過，讓孩子說出自己的心情與原因，並明白告訴孩子，只要他願意表現誠意，父母就不會有類似「停止手機上網」等考慮，並請他自己提出雙方可以接受的改善方案。

通常孩子會排斥父母強勢的禁止，但比較能接受父母提供建議與選擇。

面對孩子時，父母自己一定要做好情緒管理。

當孩子已經深陷其中，您能做的，也只有耐心的等待機會，並一再嘗試，希望孩子自己過了新鮮期後，能盡快「退燒」。

父母可以這樣做

- 對於孩子網路成癮，父母唯一的避免方法，只有盡量延後孩子與網路的接觸，或從小管制孩子上網時間及瀏覽的網站。
- 對於孩子的臉書，父母請提醒自己不要隨意留言，或動輒對孩子的動態加以批評。
- 將您覺得孩子需要修正的行為列下來，並寫下他目前表現不理想的地方和您的期待，然後在兩者間預想一些各退一步的中間選項，自己先做好準備。
- 對於社交網站的吸引力，父母要表現出理解的態度，而非責罵，並清楚、平靜的陳述自己的憂慮。

兒子大學念不完？

Q

兒子在大學重考後，考上了南部公立大學，沒想到，他上大學之後，吃喝玩樂樣樣來。有宿舍不抽，卻騙我們說抽不到，然後租屋在外，跟女友一起住。

直到大三兵役課通知說兒子被退學，我當下真是嚇呆了！後來兒子只好考轉學考，好不容易考回原校，我想說他應該得到教訓，沒想到今年讀到大三又被二一。我真的很害怕他要讀幾年才能畢業？高中的他跟大學的他，轉變怎會如此大？

表面上，他常回家，我罵他時，他很少頂撞，而且他兼家教，所以不跟我們拿生活費，但結果卻成了我不認識的他。孩子的爸爸被動，不常跟小孩互動，甚至與我也鮮少互動，所以孩子的責任都落在我肩上。我到底該怎麼改變先生跟孩子呢？

A

與先生一起面對孩子的問題

在孩子成年後，基本上，父母對子女的影響力只有愈來愈低，法律已經給予他自主權，他也必須為自己的行為負責。不論孩子的表現符不符合父母的期待，**父母能做的，除了盡力的勸說之外，也只剩下親情和經濟上的影響力**。

是否可以先跟爸爸好好談談？請先放開是非與面子，不要讓先生以為您是要責怪他過去沒跟孩子互動，而是讓他知道現在自己需要支持，也需要商量的對象，鼓勵他陪著您來一起處理孩子的問題。

兩個人一起面對孩子，表現的自信和力道可以有加倍的強度。

軟硬兼施，採用具體作為

父母講再多，即使孩子沒回嘴，但被當成耳邊風，也是枉然。方法也只有行動上的軟硬兼施了。

軟的當然是盡量不要再責罵，運用母親的柔性攻勢，好好說理勸慰，誘導孩子講出心裡話，鼓勵他自己提出改善的方法。硬的就是採用一些作為，讓孩子不得不面對問題。

您們要先說服自己，已成年孩子是獨立的個體，孩子有權決定自己的人生路，如果跟父母沒有緣分，也勉強不來，所以既然父母基於責任、義務，已經把孩子養大成人，那成年後的人生，他就要自己負起責任。

您們得先商量好對孩子的要求及限度，比方只提供學費到何時，拿不拿得到學位是他自己的事。

教養TIPS

1. 在孩子成年後，父母對子女的影響力只有愈來愈低，法律已經給予他自主權，他也必須為自己的行為負責。
2. 成年孩子的發展若無法符合父母期待，很感傷，卻也無可奈何，父母只能盡人事，聽天命了。

如果他不能呼應父母非常基本合理的期待（順利畢業），父母也不再有義務支持下去，之後，他就必須扛起自己的學費或生活所需。

放下得失心

成年孩子的發展無法符合父母期待，很感傷，卻也無可奈何，只能盡人事，聽天命了。兒子終究要變成別人的老公，不如把得失心放輕點，先努力改變和先生間的互動吧。

父母可以這樣做

- 請與先生好好談談，讓他知道您需要支持，也需要商量的對象，鼓勵他，陪著您一起處理孩子的問題。
- 請盡量不要再責罵，運用母親的柔性，好好說理勸慰，誘導孩子講出心裡話，鼓勵他自己提出改善的方法。
- 與先生商量好對孩子的要求及限度，比方只提供學費到何時，讓他學會為自己負責。

女兒朋友的負面情緒，該如何處理？

Q

我女兒已大學畢業，她的好友中有一位想法比較負面，每天都要跟女兒抱怨工作或生活不順利的事，她們幾乎天天聊到半夜。

因為隔天還要上班，我每天都會催她早點睡，也要她不要太受負面情緒影響，多跟思想正向的朋友聯絡等。

可是女兒卻不以為然，她說朋友需要她的傾聽及安慰，請我不要批評及干預她們，這讓我內心很受傷……

A

若孩子已成年，父母與孩子需相互尊重

孩子若已成年，不管是否還是住在家裡，親子間的相處，最好彼此都要適度拿掉「理所當然」的感覺。成年孩子對家庭和父母應表現某種程度的責任與付出，不該認為父母理當提供，並配合自己一切的生活所需。

同樣的，父母也要尊重成年孩子，了解成年孩子已有權為自己做決定，不宜倚老賣老，或總是抱持「子女就該聽父母的話」這類觀念。

「求心安」的嘮叨，完全無效

不少家長認為即使孩子長大了，自己還是有教養、規勸的義務，因此只要看到

不順眼或覺得行為不理想，就會想要念幾句，或是依自己的經驗、想法來下指導棋。

其實**時代變化的腳步愈來愈快，父母在觀念以及表達方面，都需要努力跟上時代**，學習同理心。

教養TIPS

1. 面對成年孩子，父母發表意見之前，充分的停、看、聽，以做好準備是必要的。
2. 只要在表達方式上委婉、有技巧，孩子一定會聽得進去。

面對成年孩子，父母發表意見之前，充分的停、看、聽，以做好準備是必要的。

傳統父母多半沒有習慣或懶得在這方面下功夫，常不經修飾，有話直說，聽在已經有自主意識的孩子耳裡，就是很刺耳的批評。

當跟父母意見不同時，有些孩子或許當耳邊風，不理會，有些就會選擇回嘴或嗆聲了。因此，太過直接的規勸或叨念，我稱之為「求心安」，但效果不彰的糾正，因為多數成年孩子，都明瞭自己已有能力或權利不理會父母的意見和要求。

若是不管孩子聽不聽，做父母的硬是要念，最大的作用只在於自我安慰（我是個有盡責教養的家長），或是作為未來「撇清責任」的證據（我有提醒過你，誰叫

你不聽）。

從「欣賞孩子能力的角度」切入

請不要為此感到難過，其實，我覺得您應該十分慶幸，女兒不但不是那個總是抱怨、發牢騷的人，對別人「倒垃圾」，還有辦法去聆聽和協助，表示她有相當良善的人格特質，自我情緒管理的能力也很好。

既然是孩子的好友，表示孩子一定喜歡這個人，父母要是覺得對方不理想就直接批評，孩子必然會反彈。

如果您能從欣賞孩子能力的角度切入，或許您所提出的，就會是孩子聽得進去的善意「建議」，而不是未經同理心深入思考的「批評」。

不妨對女兒撒撒嬌

請藉由善意而不預設立場的聆聽，對孩子和朋友間的談話內容與事件有一些比

較深入的了解，這樣您的意見、看法，才有比較確切的根據。

不妨嘗試在聊天中提醒孩子，如果是為了朋友好，就不能讓朋友習慣總是依賴別人來處理情緒，這樣她永遠都不會成長。

還有，可以試著對女兒撒撒嬌，說媽媽每天看她這樣晚睡會心疼、擔心她的健康，進而影響到媽媽的情緒與健康。

雖然她已成年，但既然住在家裡，大家就要互相尊重，請她設一個合理的結束談話與睡眠時間，讓媽媽放心，媽媽自然就不會干涉她等等，建議她時間點到時，可以用爸媽當擋箭牌，作為必須結束談話的理由。

只要在表達方式上委婉、有技巧，孩子一定會聽得進去。

父母可以這樣做

- 父母不妨在聊天中提醒孩子，如果是為了朋友好，就不能讓朋友習慣總是依賴別人來處理情緒，這樣她永遠都不會成長。
- 試著對女兒撒撒嬌，說媽媽每天看她這樣晚睡會心疼、擔心她的健康，進而影響到媽媽的情緒與健康。
- 建議女兒時間點到時，可以用爸媽當擋箭牌，作為必須結束談話的理由。

孩子不積極，怎麼辦？

Q

我兒子從小就被診斷為資優、亞斯、過動……他從小沒補習，也常考前三名，只是沒什麼競爭心。他很愛閱讀，國中每學期都勇奪學校圖書館借書第一名。高中聯考因作文失常，進了第二志願，卻仍不追求卓越，半夜偷玩電玩，上課昏睡，竟然還可維持中等成績。

後來上三等國立大學，主修他喜歡的軟體工程，但成天就是守著電腦，現在則迷動漫。我鼓勵他爭取交換學生或研究所推甄，他都沒意願，問他為什麼。他說：「我也覺得自己很奇怪！」不過，因他不計較，懂得欣賞別人，人緣不錯。但我總覺得他好可惜，我擔心他被競爭激烈的社會淘汰。要怎樣做，才能讓他積極努力？

A

並不是歌喉好的人，就必然會想要精進歌藝，進入歌唱界。現實生活中，也有數學天才不走學術深造，卻跑去賭場，以算牌、賭錢為業。一個智商高的孩子，學習力當然比其他孩子強，但不見得會喜歡念書。

「小志向」世代的來臨

做父母的，多半希望孩子能照著社會的價值觀去努力，得到眾人認可的「卓越表現」與「成功」，但問題是現在的孩子養成方式跟過去不同，他們比較在意個人的感受與自我實現，所以被稱為「小志向」的世代。

我覺得對於一般資質的孩子，父母不難藉由教養手段的引導，讓孩子建立與父母較為契合的價值觀。但是，您的兒子不用補習，隨便念就能一路輕鬆過關，表示他的確資優。

一個如此聰明又大量閱讀的孩子，他的內心，很可能早已有了比「大人」更具深度的想法與哲學。

找機會與孩子深談

我想請您回想一下，在跟孩子談的時候，除了問他為什麼不想好好努力，以及要求他爭取更優的表現，您**有沒有跟他深談過？試著了解他？可曾鼓勵他說出對人生有什麼看法和想法？想要過什麼樣的生活？**

您還是可以把父母的期待和擔憂，很誠懇的告訴他，但至於「為

教養TIPS

1. 現在的孩子養成方式跟過去不同，他們比較在意個人的感受與自我實現。
2. 若孩子已經成年，很多事情是父母強求不來的。父母盡力而為之後，就要學會放下。

什麼應該這麼做」，**請您務必要找出對孩子可能有說服力的理由，把大人的觀點，分析給他聽，而不只是因為「社會上多數人都覺得這樣才算成功」**。

不過，孩子已經成年，很多事情是父母強求不來的。如果一簞食、一瓢飲是他要的人生，父母盡力而為之後，就要學會放下。

放下高期待與得失心

從另一個角度去想，他夠聰明，從小到大，也證明自己有能力輕鬆應付課業、生活，應不至於「被淘汰」。個性謙虛、人緣好，更是難能可貴的成熟特質。動漫是現在最夯的產業，態度正確的話，未來發展不見得不好。

比較重要的，應該是在跟他的深入談話中，培養他「責任感」，希望他起碼不要沉迷在不正確的事物上，或把能力用在錯誤的地方。

或許，家長放下高期待與得失心，才有辦法真正欣賞這個孩子，並找出能激發他發揮無限潛力的目標與方向。

父母可以這樣做

父母先不要急著責備孩子，請先與孩子深談，鼓勵孩子說出對人生的看法和想法，以及想要過什麼樣的生活。

把父母的期待和擔憂，誠懇的對孩子表達。

在與孩子的深入談話中，培養他「責任感」，希望他起碼不要沉迷在不正確的事物上，或把能力用在錯誤的地方。

十八歲的兒子抽菸、喝酒，該不該管？

Q

我的獨生子今年大一，住校，週末才回家，課業不甚理想，我很擔心他大學到底念不念得下去。不久前，我從發票中意外發現他買菸和酒。期末考將至，爸爸勸我等考完放假回家再說，但我按捺不住，立刻檢查兒子包包，果然找到菸和打火機。我無法不處理，但又不想在考前影響他的情緒，只好用寫信的方式跟他談。

我問兒子對自己有何期許，為何不求上進，染惡習？以前他不也希望爸爸戒菸酒，為何步他的後塵？我說道理給他聽，但他回我說將來只想賺錢，還有他戒不戒菸酒不干我的事，亂翻他私人物品很沒禮貌等等。接下來的週末，他乾脆不回家，來個避不見面，寫簡訊給他，也不回。請問我這樣做恰當嗎？考後又該如何談起這些事？

A

與孩子溝通前，父母請先紓解自己的情緒

在離大考這麼近的情況下，孩子的壓力很大，心情也浮躁，即使他的表現不理想，我也同意暫時按兵不動，等考後再冷靜處理，或許比較好。

如果真的很想立即表明立場，最好能先紓解自己憤怒、焦急的情緒，再用委婉、誠懇的態度，表示了解兒子會有不理想的行為是因為壓力，讓孩子明白媽媽只是希望他不要弄壞身體，以及想了解能提供他什麼樣的協助和支持，才不會像現在這樣，造成讓雙方沒有台階下的衝突和對立，甚至阻斷未來的溝通管道。

先不談在親情道義上，父母對兒女的規勸、引導職責，到底該持續到哪個年紀才對。您的兒子若滿十八歲，在刑法上，他已須負完全刑責，這同時也意味著，雖然抽菸、喝酒有害身體健康，但他已有權為自己做決定。

如果無法在十八歲前建立心目中理想的親子互動關係，到這個時候，即使孩子

還在求學或倚賴父母的扶養、支持，做父母的也只能面對孩子已經成年的事實，調整心態，並逐步放手。

糾正孩子，需要有技巧

您信中詳述了傳給孩子的簡訊內容，雖然都是非常正確的「人生大道理」，但不論大人、小孩，就算知道自己做錯事，也沒有人愛聽咄咄逼人的說教。

指責血氣方剛的大孩子，更不宜太過直接，在方式上要有技巧，才不會白費您的一

教養TIPS

1. 父母如果無法在十八歲前建立心目中理想的親子互動關係，那麼，即使孩子還在求學或倚賴父母的扶養，做父母的也只能面對孩子已經成年的事實，調整心態，並逐步放手。
2. 人生有多重面向，不是把書讀好，就一定會成功，好的態度和觀念才是一個人成功的要件。

番苦心。

現代社會環境與觀念跟以前大不同了，現在的父母無法再像以前那樣用權威、命令、壓迫兒女，因此**想糾正孩子行為或對孩子下指導棋，自己必須先做足功課，準備充分的理由和事證，再依孩子的個性，找出適合、有效的方法說服孩子**。

比說教更有力的方式

可能因為您的先生自己既菸又酒，對這件事難免表現消極。或許可以嘗試鼓勵先生為兒子戒菸酒，讓孩子親眼目睹爸爸的毅力與決心，這可比再多的說教都有說服力。

您們還得好好商量，看如何**發掘與肯定孩子的優點**，**調整期待值**，**不可過度認定強調名校與學歷的重要性**。

一個人成功的要件

人生有多重面向，不是把書讀好，就一定會成功，或沒有問題，好的態度和觀念才是一個人成功的要件。

苦口良藥要先包好糖衣，不夠成熟、懂事的孩子才吞得下去。

想和青春期以上的孩子溝通，一定要先「停、看、聽」，避免「無效的嘮叨」，認真思考對策後，在提出意見前，先表現同理心，並為自己所有的「批評、指教」找出好理由「包裝、行銷」。

不過，我想眼前還是先自我調整、理性包容，協助孩子穩定度過考驗後再說吧！

父母可以這樣做

- 在糾正孩子不妥的行為前，父母最好先紓解自己憤怒的情緒，再用委婉的態度，讓孩子明白媽媽只是希望他不要弄壞身體，以及想了解能提供他什麼樣的協助和支持。
- 指責血氣方剛的大孩子，不宜太過直接，在方式上要有技巧。
- 或許可以嘗試鼓勵先生為兒子戒菸酒，讓孩子親眼目睹爸爸的毅力與決心，這可比再多的說教都有說服力。

為了女兒，我得了憂鬱症？

Q

我的女兒二十四歲，她從國中起就叛逆，抽菸、逃學，交很多男友，大五還無法畢業。我很擔心她的道德觀與我差距太遠。她習慣說謊，經常不回家，也不交代去哪裡，更曾經連續兩個月沒音訊。

這十年來，我都很痛苦，得了憂鬱症。女兒也知道，直說她已長大，要我不要擔心，事情就這樣反覆，直到最近，我從電腦裡發現她拍攝一些男人的裸照！這讓我更加痛苦，該怎麼辦？叫她搬出去嗎？我很擔心她會影響妹妹！

A

任何母親，若經歷您所面臨的狀況，也一定會很難過，我完全可以了解您的心情。回顧過去，家庭生活與親子之間，必然曾有很多環節沒銜接好。不過，孩子今天的發展不理想已成事實，如果再賠掉自己的健康，就太不值得了。

從改變自己開始

當親子關係（任何的人際關係都一樣）陷入泥沼或是惡性循環，消極、僵持只會讓情況惡化；如果無力說服或改變對方，唯一的方法就是從改變自己做起。**當您有了新的觀念、態度與言行，對方勢必要有所調整來因應，這，就是改變現況的開始**。

我常跟一些家長說，現代父母一定要理解，父母疼愛和保護子女是出於動物的天性，但子女要能孝順與認同父母，則需要文化與家庭教育的薰陶。後者的難度高很多，父母若抱持不切實際的期待，必然會失望。

兒女成年以後，如果親子相處、溝通有困難，就要學習把期待值拉低到「法律層級」，也就是說，只要孩子不觸犯法律，不危害、影響父母的生活，就必須放手。

親子間的彼此尊重

不同的世代，觀念必然會有落差。我小的時候，女人嫁不出去很丟臉，婚前性行為不被接受，同性戀明明存在卻不可說，但是現在呢？社會的包容性大多了，除了公眾人物，每個人私領域的生活隱私，只要不影響或加害於他人，都要被尊重。

隨著時代演進，子女的道德觀當然不一定會和父母一樣；理解這一點之後，**意見不同的「成年人之間」，如果無法基於親情相互妥協，必須要做到的就是互相尊重**。

一個人成年以後就是獨立的個體，即使是父母，也必須尊重子女有自我主張的權利。但別忘了，同時，他也必須對自己一切的言行負責。

從生活的欠缺轉向自己擁有的

我想請您暫且放開對女兒的評價與期待。既然您想關心女兒，卻做不到，她也要您不要擔心她，那就從心裡放開她，相信她並沒有您想像中那麼糟，將眼光從生活的欠缺轉向自己擁有的，把心思回饋給關心您、在意您的家人和朋友身上，並好好的去珍惜和享受。

如果希望小女兒不要受到壞影響，**把您自己的身心照顧好，就是第一要務。**

運動是情緒良方

根據我的切身經驗，定期、持續的流汗運動是非常好的情緒良藥；如果您平日沒有運動的習慣，我希望您至少可以在住家附近或公園，每天或隔天快走半小時也好，至少要讓身體微微冒汗。

此外，**請您找出您所喜愛，有穩定情緒效果的興趣或活動去從事或參與，多和投緣的朋友相聚、談天**，期待您能從中得到寄託與成就感。過一陣子之後，如果您覺得心情上真的有進步，再來思考大女兒的問題。

釐清事情的先後順序

先釐清最重要的事情是什麼。叫她搬出去，會不會把她推向更糟糕的狀況？在她留在家裡的情況下，您有沒有辦法引導小女兒不受影響？還是要怎麼做，才能讓她學會保護自己，並起碼不跨越法律的底線？

人生沒有十全十美，就是要做排序和選擇，理出自己可以接受的思考邏輯。決定之後，就要下定決心去執行，找機會和女兒談，態度平和、堅定的來一段大人間的理性對話。

讓她知道，媽媽的身心已經無法負荷，經過一番檢討，決定尊重她的獨立性，包容她的行為。

教養TIPS

1. 現代父母一定要理解，父母疼愛和保護子女是出於動物的天性，但子女要能孝順與認同父母，則需要文化與家庭教育的薰陶。
2. 一個人成年以後就是獨立的個體，即使是父母，也必須尊重子女有自我主張的權利。但同時，他也必須對自己一切的言行負責。

既然她有權利自由飛翔，那就請她也要尊重媽媽的意願，說明自己的決定與底線。親子間的權利、義務，必須有一些明快的檢討和處理。

「複習」孩子的優點

不懂事的孩子，通常無法從父母急切的責備和要求中，讀出背後濃濃的愛意與深切的期許，因此我希望您，能認真的想出女兒從小到大，任何的優點、好處，或母女間讓您開心難忘的事，多麼微不足道的小事都沒關係，一一寫下來。

複習過這些，您見到她的時候，就比較不會生氣、著急，即使態度堅定，您的眼神也會溫暖包容，話語會體貼、溫柔，孩子就比較有可能放下心防。**只要孩子有釋出善意，就要予以鼓勵**；家門和母親的懷抱，永遠都會為她敞開。

母愛最偉大的地方，就是永遠不會對子女放棄希望。您的女兒雖然已經成年，但畢竟年輕，只要您穩定、快樂，從改變自己做起，她絕對有可能改變。

父母可以這樣做

- 當親子關係陷入泥沼或惡性循環，僵持只會讓情況惡化；如果無力說服或改變對方，唯一的方法就是從改變自己做起。
- 找機會和女兒談，態度平和、堅定的來一段大人間的理性對話。
- 請認真的想出女兒從小到大，任何的優點、好處，或母女間開心的事，一一寫下來。複習過這些，您見到她的時候，就比較不會生氣，您的眼神也會溫暖包容，孩子就比較有可能放下心防。

孩子內心常有挫折感，該如何幫忙？

Q

我的兒子大二，目前就讀美國名校，他曾是學校校隊，功課全A，身高挺拔，無不良嗜好，家庭環境也讓他完全無憂無慮。

我年近五十才得子，所以對他疼愛，近乎嬌寵。我們親子關係良好，他也算孝順，雖尚無女友，但對自己何時結婚生子，都已在計畫時間表上。

在此情況下，似乎他應是天之驕子，快樂無憂才對？可是最近他說：他時常有挫折感，甚至數次在宿舍內痛哭，連他自己也不知道什麼原因，我這個當父親的擔心又心疼，想為他找心理醫生，卻又怕有反效果，請您指點我該如何幫助他！

A

您實在非常幸運，兒子健康、聰明又上進，想必讓親朋好友們都十分羨慕！老年得子，難免會捧在手掌心上寵，對孩子也不免過度細心關注，這種心情和行為是可以理解的。

當父母太細心呵護孩子……

不過很多時候，**父母、長輩的想法、態度會影響孩子思考與面對事情的態度**。舉個小例子來說，有些父母過度重視衛生，孩子使用的東西或環境一定要消毒到一塵不染，稍有不潔就表現得大驚小怪，這樣的孩子到外面時，對清潔衛生的要求或許也因此很高，在同儕間就可能顯得適應力不良。

一般來說，孩子過青春期之後，父母應逐步放手，讓孩子學習處理生活和情緒上的大小事，再適時給予觀念上的引導。**對孩子太過細心呵護，反而可能錯誤放大一些生活上必然存在的小煩惱。**

有時，日子過得太順遂的人，因為沒有需要花力氣去追求的東西，生活也會變得虛無、沒有意義，也可能形成挫折無力的感覺。

生活其實非常需要目標、熱情和意義。一個人從十幾歲開始，要走自己的路並學習為自己思考，當未來充滿不確定性，心思比較細密的孩子會有「不知為何」和「漫無方向」的虛無感，其實是很正常的。

父母總希望孩子事事順利？

世界上沒有人可以真的「無憂無慮」——窮人有窮人的痛苦，富人有富人的煩惱，連條

教養TIPS

1. 做父母的多半希望孩子能事事順利，但事實上，這樣對孩子，卻不是最理想的訓練過程。
2. 父母不要用盡一切手段，去營造完美環境或為孩子排除所有困難，而應該利用生活上各種大小事件，引導孩子建立理想的觀念和成熟的情緒管理機制。

件完美如名模，也有難找對象的困擾，也會有喜怒哀樂的情緒起伏。

其實人生悲喜、各類的情緒感受，一切都從「相對比較」而來。真實的人生，往往是由挫折中學會面對，自失敗中學習樂觀，因此從小到大一帆風順的孩子，反而有可能耐挫力較低。

做父母的多半希望孩子能事事順利，但事實上，這樣對孩子卻不是最理想的訓練過程。

有機會練習處理挫折、處理情緒的孩子，才有辦法得到真正的智慧與能力，去面對生活中的困難與煩惱，追求自己的快樂與身心平衡。

當然，現實生活中不大可能硬要家境富裕的孩子去過貧困的生活，更不可能叫成績優異的孩子刻意去體驗失敗，但父母能做的，是不要用盡一切手段去營造完美環境或為孩子排除所有困難，而是利用生活上各種大小事件和機會，引導孩子建立理想的觀念態度和成熟的情緒管理機制。

情緒需要抒發，並非真的需要「解決」

很多時候，情緒只是需要抒發和出口，並非真的需要「解決」。我想您的孩子應該還沒有到需要專業協助的地步，您就從整理調整自己的觀念、情緒和想法，並做個有建設性的聆聽者開始，不要比當事人更緊張著急，而亂了手腳。

請您想像自己面對的是一個社會上有為的年輕人，而不是自己的寶貝孩子，這時您就比較可以客觀的表現出您的生活經驗與智慧。

已成年孩子最需要的，其實是父母的沉穩、睿智與豁達，來作為精神上的指標與倚靠，引導他們走出溫室，面對永遠都會有憂有慮的真實人生。

以上回覆是根據您信中有限的資訊，並採信您的兒子所言（他真的不知道這樣的挫折感從何而來）而做的建議。

不過，孩子長時間在美國教育系統成長或在校、不在家生活，因為比較獨立，父母實際觀察時間有限，也有可能事實上的確隱藏著他沒有注意到的壓力、困擾，甚至是難以對父母啟齒明說的煩惱，這就要靠您們從開放、包容的聆聽去探索、了解。

假使您觀察認為孩子對情緒的處理真的有困難，就要盡快請教心理醫生或諮商專家。

父母可以這樣做

- 若您的孩子還沒有到需要專業協助的地步，請您從調整自己的情緒和想法開始，不要比當事人更緊張著急，而亂了手腳。
- 請您想像自己面對的是一個社會上有為的年輕人，而不是自己的寶貝孩子，這時，您就比較可以客觀的表現出您的生活經驗與智慧。
- 假使您觀察孩子對情緒的處理真的有困難，就要盡快請教心理醫生或諮商專家。

當兒子談起遠距離戀愛？

Q

我兒子現就讀中部科技大學一年級，他的女友從高中就認識，相當乖巧可愛，所以爸爸和我都不反對他們交往。那個女孩子現在台北念書，兒子原本以為距離不是問題，但他最近告訴我，女友覺得兩人在電話中越來越沒話說，快要走不下去了！她希望兒子去台北念書，才有辦法常見面。可是如果兒子要拚轉學考，台北符合他科系的只有一所私立大學，而且兒子對於現在所學的科系及目標也很難放下，因而非常苦惱。

我希望孩子以前途為重，但他似乎執意跟女友在相隔兩地的情況下繼續走下去，一心只想該如何安撫她。我該怎麼勸他？

A

對感情來說，距離絕對是個大問題。自古以來，人們總是頌揚專情與不變心的崇高、美好，就是因為除了親情以外的感情，如果不靠責任與法律去約束，本來就很難對抗時間與空間的磨耗。

尤其是年紀輕時的戀情，雙方的環境、想法都尚未成熟，在各自進入不同學校或職場後，接觸不同的人事物，觀念與眼界有了變化，原本互相的感覺就會變質，這就是為什麼很多高中班對到大學後會分手，或是大學戀人在男方當兵後容易「兵變」。

陪著孩子，一起客觀分析

只要是人，都會改變，連機器都需要維修，更何況是感情。社會經驗豐富、中年以上的人，或許會同意「天涯何處無芳草」，但對初嘗戀愛滋味的年輕人來說，這種說法或許很難接受。

因此比較理想的做法，是不去評斷兒子的期望對不對，或應不應該，而是帶著了解，也憐惜這段感情的心情，陪著孩子一起去客觀分析目前的狀況，一起討論各種選擇，可能造成的後續發展與利弊。

比方，女孩子是否感情其實已經生變？還有，感情是需要用心經營的，不能又要馬兒好，又要馬兒不吃草。究竟他自己願意或可以投入多少時間、心力來維繫這段感情？值得嗎？

教養TIPS

1. 感情，如果不靠責任與法律約束，本來就很難對抗時間與空間的磨耗。
2. 請不要評斷兒子的期望對不對、應不應該，而是帶著了解，也憐惜這段感情的心情，陪著孩子一起客觀分析目前的狀況。

考量現實問題

同時，您也應誠懇提出現實上比較難以克服的問題，像是私校學費和出路等等，鼓勵已快成年的孩子面對責任與現實，學習從必然有利，也有弊的各項人生課題中，去做出不後悔的決定。其實，**只要能抱持樂觀的態度，人生沒有絕對好或壞的決定；結果的好壞，通常取決於當事人在過程中的付出與努力**。

放輕鬆，冷靜一下

最好能暫時放輕鬆點，冷靜一下，各自先以學業、前途為重，因為兩人若真的有緣分，這段戀情自然會禁得起考驗。如果覺得是生命中的真命天女，轉學又確實有困難，那如何在不增加父母負擔，又不影響課業的情況下，努力增加見面機會，就是非做不可的目標。

父母可以這樣做

- 陪著孩子一起客觀分析目前的狀況，一起討論各種選擇，可能造成的後續發展與利弊。
- 誠懇提出現實上比較難以克服的問題，像是私校學費和出路等等，鼓勵已快成年的孩子面對責任與現實。

兒子很宅，如何是好？

Q

我朋友芬的二兒子現就讀私立大學二年級，功課還好，每兩個禮拜回家一次。他假日在宿舍，除了睡覺，就是玩電腦，回家也一樣。問他話，兒子都只是簡短回幾個字。整天靜悄悄。建議他去參加活動或補習語言課程，他卻一點興趣也沒有。

芬的先生認為只要兒子沒變壞就好，隨便他，但芬卻擔心這樣下去，以後兒子在職場，如何跟同事互動呢？

芬回想兒子從小就不愛說話、不和同學玩，老師認為他不吵不鬧就好。高中時，芬曾想過帶他去做檢查，但先生反對，兒子也不願意。

芬現在越想越擔心，不知如何是好？

A

就來信描述看，這是現在成長於數位時代的男孩子相當普遍的情形，請芬暗中觀察了解孩子作息、交友和金錢使用狀況，只要沒有太奇怪的地方，我想應該不必太過憂慮。

父母對孩子的要求與期待值，必須持續調整

套句我一位好友說過的話，對成年孩子，父母的要求和標準應自動降低到「法律層級」，意思是孩子成年後，法律上，他就是獨立自主的個體，必須受到尊重。

父母可以親情的聯繫，對孩子有所期待並賦予責任，但社會環境和價值觀（包括職場）一直在改變，父母對孩子的要求與期待值，必須持續調整，才不會自尋煩惱。

父母該做的心理調適

當然，親子關係不只是權利、義務，因此上一段的建議，只是我認為家長該預做的心理調適，親子雙方，才有辦法減少彼此的壓力與衝突。

如果芬還是很希望能引導孩子，往自己心目中理想的方向走，就得好好思考對策和執行技巧。

教養TIPS

1. 父母對孩子的要求與期待值，必須持續調整，才有辦法減少親子間的壓力與衝突。
2. 父母教養孩子，請盡量避免只是批評，或光給孩子口頭指令。

父母避免只是批評，或光給孩子口頭指令

比方，**很多興趣，其實是可由生活習慣轉變而來（像運動），但習慣的培養需要時間與耐心**，因此請盡量避免只是批評，或光給孩子口頭指令。

想想孩子可能願意接受的運動或活動，放下長輩身段，找個理由，動之以情，邀孩子從短時間的爬山、跑步、打球、公益之類的活動，親子一同做起，也可藉此增加聊天、相處，並進一步了解孩子的機會。

父母可以這樣做

- 請先暗中觀察了解孩子作息、交友和金錢使用狀況，只要沒有太奇怪的地方，應該不必太過憂慮。
- 想想孩子可能願意接受的運動或活動，例如邀孩子爬山、跑步、打球，親子一同做起，也可藉此增加聊天、相處，並進一步了解孩子。

該不該鼓勵孩子參加大學社團？

Q

我兒子在美國讀大學，他的生活與學習狀況在我觀察之下，一切良好。但他似乎沒有像一般大學生忙於參與各類活動，也沒有意願參加學校類似兄弟會的任何社團。

我記得大家都覺得大學生參加社團很重要，可以學到很多東西，有助於進入社會後的發展。

請問我是否應該鼓勵他參加？或者不需要？

A

社團對大學生的意義

大學生活是為進入社會做準備，應拓展生活層面，不該只再死讀書。在各類專業課程的學習之外，**社團提供了學生關於活動規劃、人際關係和合作共事方面的種種歷練**，因此可以成為大學生活中非常重要的一部分。

現在的學生社團性質非常多元，有些以「興趣」為中心，有些以「服務」為宗旨，有的則以加強某些主題的課外學習為目標。

大學階段的社團活動有其意義，因為孩子從這一類的活動中，除了在社團主旨方面有所學習，還可以培養社交、溝通等團隊合作的能力，更可以藉此建立長久的互助情誼，成為入社會後的人脈，對職場生涯很有幫助。

參加社團，其中的利與弊

美國大學的兄弟會（姊妹會），組織嚴密度則遠高於一般的興趣性社團，通常以建立緊密的社交關係為目標。

為了加強會員的向心力，常會有些不公開的會規或祕密活動，因此他們在校園內會有自己的獨立住宅建築，不住在一般的學校宿舍。

正因為這樣的共同生活，兄弟會的成員間得以形成非常密切，而且相互扶持的關係，畢業後找工作，較容易得到同會校友的提攜。

在校期間，若能擔任幹部，甚至於會長職位，展現人氣與統籌管理的能力，在某些需要社交領導能力的業界求職時（比方商界），就會是一大加分。

教養TIPS

1. 大學生活是為進入社會做準備，應拓展生活層面，不該只再死讀書。
2. 大學階段的社團活動有其意義，因為孩子除了可以培養社交、溝通等能力，更可建立長久的情誼，成為入社會後的人脈，對職場生涯很有幫助。

然而，多數的事情有利就會有弊。向心力與緊密度來自於忠誠與配合，如果孩子進入喜歡派對玩樂的兄弟會，有些甚至可能有酗酒縱慾和使用毒品的情況，課業和觀念行為就會受到影響，因此**參加社團絕非「必要」，端看每個人的個性和未來職業的需求**。

大學時，父母該「使力」的重點

其實，當孩子已經進入住校獨立的大學生活，根本天高皇帝遠，父母擔再多心、管再多也沒用。

一個孩子基本價值觀和生活態度的養成，最好能在高中畢業前就做好；到了這個階段，如何讓孩子在面對各類狀況時，有能力分析利弊和判斷，懂得持續的取其利而避其害、取得生活平衡，才是父母該繼續「使力」的重點，而不再是事事指點他該往東，還是往西。

所有我們想像可能對孩子好或不好的事，只能找機會，輕鬆的和孩子聊天，表達關心，先「套出」孩子的想法。

再從討論中，引導孩子並分享父母的意見，不過，最終還是得尊重孩子自己的選擇。

父母可以這樣做

- 在孩子讀大學以後，如何讓孩子在面對各類狀況時，有能力分析和判斷，才是父母「使力」的重點，而不是事事指點他往東，還是往西。
- 找機會，輕鬆的和孩子聊天，表達關心，先「套出」孩子的想法。再從討論中，引導孩子，並分享父母的意見，不過，最終還是得尊重孩子自己的選擇。

女兒是月光族，怎麼辦？

Q

我是個無助的母親……我女兒三十多歲，已婚，她大學畢業後上班薪水三、四萬，曾是個月光族，已經有兩次卡債，欠十多萬，後來慢慢還清。

她不必分擔家計，打折時最愛買，專買便宜衣服一大堆，都沒拆開過，只好偷偷丟掉再買。

她買東西都是一次同款三件，大蛋糕三個、髮膠三瓶、青草茶三大包。我好言相勸、嚴格訓斥，什麼方法都用過了，也沒改善。

女兒的工作沒退休金。有什麼方法，可以使她改進？

A

您的月光族女兒，看起來有不算極度嚴重的購物成癮症。這一類行為的背後，通常都有遠、近期的形成原因。

讓成年孩子面對自己的問題

成癮行為本來就很難戒斷，光靠口頭勸說是沒有用的。倘若您嘗試過各種方法卻無效，就該立刻帶她就醫，由專家協助您們找出原因，以及可能的治療方法。

從您的來信中，沒有提到女婿的角色和態度。不過無論如何，一個三十多歲又已經結婚的女兒，做父母的或許該盡早把問題還給她自己去面對，千萬不要容忍或不斷在財務上伸出援手，免得到頭來把自己的養老金都賠進去。

對子女和親友都是一樣，有時盡早硬下心腸對對方其實比較好；**姑息、縱容到**

後來不但不見改善，一旦停止資助或不再幫忙，反而常引起對方怨懟。

從源頭管制

如果真的很想採取什麼行動來幫助女兒，我假設自己碰到您的狀況，我個人會做以下處置：和女兒、女婿坐下來好好談，倘若女兒沒意願配合女婿，也不在意，就放下已經成年獨立的孩子，從此劃清界線，不再理會，過好自己的生活吧！

假使當事人有心改善，那就先從源頭管制，想辦法讓女兒無法辦簽帳卡，無法拿到薪水，不得上網購物，平日只能帶少量現金。

和女兒討論出比較容易達到提醒效果的警語，清楚寫在平日用的

教養TIPS

1. 購物成癮症這一類行為的背後，通常都有遠、近期的形成原因。
2. 對於已經成年的孩子的脫序行為，做父母的該盡早把問題還給孩子自己去面對。

皮夾內，確定每次付錢之前都會看到。

您的女兒必須盡快找出可以取代購物行為的快樂和成就感來源，比方運動或興趣休閒，以及精神上的寄託。

家人的陪伴與鼓勵

改變習慣需要時間，因此家人能做的，就是陪伴並鼓勵她堅持撐過這一段時間。

我會找幾位跟她生活密切相關的人，預定三到六個月的時間，以接力排班的方式，陪她度過下班後有機會購物的時間，像是每週由女婿陪伴她固定運動，她的好友陪她散步，您陪她去做生活採買……等。

由身邊的人陪她面對購物慾望，反覆重建自我控制的思考邏輯，練習拒絕促銷和推銷攻勢的方法，並期待能慢慢找出她喜歡，也可以專注投入的活動。

父母可以這樣做

- 和女兒、女婿好好談，如果女兒有改善意願，那麼想辦法讓女兒無法辦簽帳卡，無法拿到薪水，不得上網購物，平日只能帶少量現金。
- 和女兒討論出容易達到提醒效果的警語，清楚寫在皮夾內，確定每次付錢之前都會看到。
- 您的女兒必須找出可以取代購物的快樂和成就感來源，比方運動或興趣，以及精神上的寄託。
- 倘若嘗試過各種方法卻無效，就該帶女兒就醫，由專家協助找出原因，以及治療方法。

擔心女兒的未來？

Q

我的女兒今年二十四歲，過去，我一直以為她的未來應該很順遂。因為她大學畢業即找到會計工作，有一個交往八年的男友，雖然平凡，但很幸福。

後來她男友畢業後投入軍旅，兩人感情變調。女兒很快又有新戀情，現任男友才剛退伍，沒固定工作，大學學商，卻對餐飲有興趣，歷經幾份工作，美其名是累積經驗，但總是畫餅說未來，我真怕他的理想不切實際。不過他對女兒百般呵護，這是前男友所不及，所以女兒也認定他了，然而大環境不景氣，我希望新男友可以從事軍職，有穩定收入，畢竟錢很重要！其實，我不希望女兒受到委屈，所以我寧願她選擇前男友，但時下年輕人不能講、不能念，該怎麼辦？

A

變動快速的世界

沒有人可以確知如何選擇、怎樣走，人生就一定可以一帆風順。

現在的世界變動很快，也很大。像過去當老師是鐵飯碗，誰想像得到，才沒多少年，這個行業就受到少子化的衝擊？

父母其實無法預測未來。如果孩子照著父母的建議做選擇，結果卻不理想，孩子可以或應該怪父母嗎？

父母，所能為孩子做的……

軍職的確是少數穩定度很高的行業，但並非人人適合或願意從事，還有變調的感情，也不是旁人可以用「念」回來的。

幸福的婚姻需要兼顧到很多因素，這些因素孰輕孰重，還是得靠當事人自己思索、決定，並為自己的選擇負起責任。

父母只能協助孩子，建立多方考量和用心經營的能力，以及逆境求生的韌性，期待他們在面對各種狀況時，能做出最理想的判斷和選擇。即使遭遇困難，也樂觀進取。

教養TIPS

1. 沒有人可以確知如何選擇、怎樣走，人生就一定可以一帆風順。
2. 父母只能協助孩子，建立多方考量和用心經營的能力，以及逆境求生的韌性。

收起成見，多傾聽

年輕人不能講、不能念，但一定可以引導和鼓勵。

我想您能做的，只有收起成見，多聊天，多傾聽，耐心陪著女兒，好好認識這位新男友，最好能成為她在感情上能夠信賴、分享和請教的對象。

細心觀察他的優、缺點，並找出具體的事例。從聊天中，客觀的引導孩子自己去觀察、體會；和女兒分享身旁的親友故事來佐證您的分析。

只要您說的有道理，孩子自然會聽進去。

父母可以這樣做

- 請收起成見，多傾聽，耐心陪著女兒，好好認識這位新男友，最好能成為她在感情上信賴、分享和請教的對象。
- 細心觀察女兒男友的優、缺點，並找出具體事例。從聊天中，和女兒分享身旁的親友故事來佐證您的分析。

是心靈成長？還是斂財？

Q

半年前，大姑全家上完多期心靈課程後，開始向親友推廣「成長改變」的喜悅，結果我先生在他們鼓吹下，不僅花大錢上完所有階段，還著迷了，不斷要我和高中女兒也去上。

我看原本沉迷電腦的宅男外甥的確變得自信、積極，我幾度想放棄原本的堅持，想咬牙為女兒投資，但不免又擔心這錢真值得花嗎？有沒有後遺症？

每每閱讀您在報上的智慧引導，我都會剪下思考，並想：這不就是成長？但我說服不了我先生和他家族，也快阻止不了一心以為上課就可以解決一切問題的女兒，懇請您指點方向……

A

我可以理解您的擔憂，因為這樣的情形，也曾發生在我朋友身上。坊間心靈成長的課程很多，除了一些用神鬼迷信、詐騙斂財的以外，通常都還真的相當有效果。為什麼？因為**他們的課程內容，用的往往就是正規諮商和團體治療中會採用的方法**。

如果您願意找正式的心理諮商師或團體協助，應該也可以得到類似的成果。這就好比有人拿了真正有療效的平價藥品來販賣，藥（產品）本身沒有問題，但加以特殊包裝後，若誇大療效或使用老鼠會、賺取暴利、違法吸金等等不當手法去推銷，就不對了。

市面上商業行為百百種，沒有明顯違法行為的，也只能靠消費者自己睜大眼睛，明察「賣藥人」的行為和目的。

現代人接觸宗教或心靈團體的主因

心靈成長本來就要求諸於自己的內心，是有自省能力者的日常功課，平時從認真而深入的自我觀察，加上自己進修、閱讀、深思、檢討到改變行為，有些人靠自己就可以不斷成長。

這樣的人通常積極、樂觀，勇於挑戰和改變，感覺上做任何事當然比較容易成功。

可惜現代人忙碌，壓力大，遇到問題難以自求，因為很少人甘心面對命運的不公平，也很少人願意承認生活困境，常源自於自己的固執、逃避，加上人際關係比較冷淡、疏離，又無法很快的從身邊得到足夠的支援和引導、鼓勵，因而會覺得生活上的問題難以解決。

這時，宗教或心靈團體提供了熱心、溫暖的關注，讓他感覺有傾訴對象，有戰友支持，用密集上課或聚會方式營造的向心力，「強迫」當事人積極面對問題，進而鼓起勇氣，採取行動。

這一類的課程或活動，對生活上遭遇重大打擊，或家庭有問題的人相當有吸引力。而一旦問題很快得以解決或改善，當事人自然會覺得體驗到了覺醒及突破的喜悅。

收集資訊，觀察家人

您無須再去思考這個課程有沒有效果，因為您已經看到「療效」了。了解這一點之後，我想您應該要做的就是保持頭腦清明，認真的上網，收集相關資訊，詳細閱讀正、負面批評，並客觀、仔細的觀察您先生和家族的言行。

檢視課程費用即使昂貴，是否在所有課程上完後，就不再有其他花費？還是會持續投入金錢？甚至感覺像是無底洞？觀察被吸收進去的「義工」是否過於盲目？有沒有類似強迫性鼓吹的行為？有無被欺騙、壓榨的情形卻不自知？課程結束後，當事人回頭投入團體的時間、精力，會不會影響家庭生活與家人關係？

只要有一項答案是「有」或「會」，您就得提高警覺，倘若情況嚴重，就要尋求協助。

整理出自己的觀點，與女兒溝通

我相信在家族的疲勞轟炸下，堅定自我的過程一定很辛苦，請您多看、多讀、多想，嘗試把自己的觀點提升，以體諒、理解的心情看待他們，找出自己紓壓的方法，用四兩撥千斤的態度，溫柔的堅持，千萬不要拿別人的迷失來折磨自己。

在人生態度的理想和信念上，您一定要好好整理出自己的觀點，先說服自己，才有辦法對女兒指出一些觀念、邏輯的謬誤，讓自己成為女兒最能信賴的心靈導師。

教養TIPS

1. 現代人壓力大，很少人甘心面對命運的不公平，也很少人願意承認生活困境，常源自於自己的逃避，加上人際關係比較冷淡，因此常會尋求宗教或心靈團體。
2. 以體諒、理解的心情看待他們，找出自己紓壓的方法，千萬不要拿別人的迷失來折磨自己。

換另一種立場與角度

不過從成果來看，若真能因此快速得到心靈成長，自信、積極又樂在其中，並不是壞事，畢竟人生追求的，不也就是如此？

假使詳細觀察後，覺得課程只是價格高昂，沒有其他的問題，在能力範圍做得到的情況下，一家人加入相同的心靈團體，跟一起信教一樣，常有助於家庭的和樂與向心力，是非好壞，外人難以論斷。

就好比有些人靠自省自修，由內而外，自然就散發光彩，有些人卻一定要花大錢、買化妝保養品來求得美麗。

市場上琳琅滿目的保養品價差很大，在專家眼中效果其實相去不遠，但有些人對某些高價品牌卻深信不疑、相當執著，這就要看每個人自己的判斷、喜好與選擇了。

父母可以這樣做

- 請保持頭腦清明，收集相關資訊，詳細閱讀正、負面批評，並客觀、仔細的觀察您先生和家族的言行。
- 整理出自己的觀點，對女兒指出一些觀念、邏輯的謬誤，讓自己成為女兒最能信賴的心靈導師。
- 如果詳細觀察後，覺得課程只是價格高昂，那麼一家人加入相同的心靈團體，常有助於家庭的和樂與向心力，有何不可？

婚姻是否這樣就算了？

Q

上個月和待業中的先生吵架後，我對他已不抱希望。多年來，我一直熱臉貼冷屁股。我曾問他若什麼都自己來，那我要這婚姻做什麼。他沒講話。

我打一一七對時，他就生氣說我敗家（他日抽一包菸就不是敗）；有工作時，常說我絆住他，現在失業了，倒沒聽他再提起「離婚」。他曾說我都是「命令」，卻沒有想過那是因為他從不主動，所以拜讀您的文章中說「我們真正能掌控的人是自己，不該把快樂和期待建立在別人身上」。我發現的確如此，決定不再理會他。問題是念高中的兒子表現普普，從小又跟他不對盤，有次兒子對我說：「有這種爸爸，兒子遲早要變壞。」我假裝鎮定，但內心慌亂。遇到這種老公，我能怎麼做？

A

人生不可能盡如理想，只是各種優缺的綜合權衡與抉擇。

我多年來還沒見過哪個女人對自己的婚姻感到滿意，幾乎人人滿腹牢騷，因此真的是「相愛容易，相處難」。

站在另一半的立場設想

我為您慶幸，您有工作，能獨立，但婚姻問題和夫妻之間沒有標準答案，請您平心靜氣的站在他的角度想想，看能否為問題找出原因？（或許不該輕忽事業表現對一個男人內心自信的打擊。）

有沒有雙方可以共同努力的著力點？也請您仔細想清楚，自己最終想要的是維繫婚姻？還是獨立自由？再從目標來回頭思索，該果決得義無反顧？還是調整自己，妥協求全？

開導兒子，盡量別受先生影響

比較需要注意的是，**青春期的男孩子其實非常需要爸爸這樣的男性老大角色作為模範**。離婚造成的改變，不論好壞，短時間對生活會有很大的衝擊。您兒子距成年不過再幾年，眼前最好三思。

不過，不論決定為何，**即使覺得委屈，也盡量不要對孩子抱怨、訴苦**。

針對爸爸不理想的言行，最好能給予孩子開導，免得他將來對人際關係和婚姻不信任。

教養TIPS

1. 人生不可能盡如理想，只是各種優缺的綜合權衡與抉擇。
2. 「相愛容易，相處難」，婚姻問題和夫妻之間往往並沒有標準答案。

父母可以這樣做

- 請平心靜氣的站在先生的角度想想，看能否為您們之間的問題找出原因。
- 請仔細想清楚，您自己最終想要的是維繫婚姻？還是獨立自由？
- 針對先生不理想的言行，最好能給予孩子開導，免得孩子將來對人際關係和婚姻不信任。

媳婦是愛購物的月光族？

Q

我媳婦是愛購物的月光族，我兒子對於媳婦的行為，實在已忍無可忍，兩人都吵到快離婚了。

這讓我好苦惱，我每天都在想究竟我該怎麼做，才能阻止媳婦亂購物，但想來想去，又想不出什麼好方法。

我跑去問其他人的意見，他們也提不出有效的方法。我真的十分苦惱。我該告訴親家實情嗎？

A

找出源頭，才能徹底治本

如果都已經吵到快要離婚，我想，應該沒什麼不能對親家說的了吧！不過，不是由婆婆去講。

在購物成癮行為背後，通常都有遠、近期的肇因，必須用心付出時間、精力，去找出源頭，才有可能徹底治本。如果光是繼續口頭糾正或吵架，只會愈吵愈僵，愈麻痺，愈是陷入惡性循環。

找出可執行的方案

想要解決問題，不論是兒子或媳婦，都必須針對現有的行為和習慣做一些積極的改變。

來自不同養成環境的人共組家庭，觀念、行為上當然會有差異，因此花時間、精神做常態性的溝通有其必要。

絕大多數的當事人都了解自己的行為不理想，但問題在於意志力薄弱，面對誘惑時總是無法把持。

如果身旁的人能少些責難，多些體諒，並幫忙找出可執行的方案，或許當事人的配合意願就會大大提高。

重新練習金錢的分配、運用

因此，在走到絕望的結果前，兒子一定要先努力排開不解和怒氣，帶著共同努力的態度與愛意，去鼓勵太太

TIPS

1. 在購物成癮行為背後，通常都有遠、近期的肇因，必須找出源頭，才有可能徹底治本。
2. 來自不同環境的人共組家庭，觀念、行為當然會有差異，因此花時間、精神做常態性的溝通有其必要。

合作，夫妻倆一起來解決問題。

兒子和媳婦必須在價值觀以及家庭財務規畫上，根據實際收入，互相誠懇的討論，並得到共識，然後依此做出確切的開銷規畫，再讓媳婦依據這些計畫，來練習金錢的分配、運用。

找出取代購物行為的精神寄託

至於在協助媳婦找出取代購物行為的活動與精神寄託方面，則需要身邊的人耐心的陪伴與鼓勵。

這方面，若能有娘家的人幫忙分擔與約束，最好不過。

此事先不論是非對錯，婆婆出面，難免給媳婦和親家壓力，因此最好能先由兒子向岳父母「稟報」實情，並請求協助，不要讓對方有婆家來興師問罪的感受。觀念合理的親家為了女兒的幸福，一定會願意支持。

父母可以這樣做

- 先由兒子向岳父母「稟報」實情，並請求協助。
- 兒子和媳婦必須在價值觀以及家庭財務上，根據實際收入，互相誠懇的討論，並得到共識，然後做出開銷規劃，再讓媳婦依據這些計畫，練習金錢的分配、運用。
- 協助媳婦，找出取代購物行為的活動與精神寄託。

該如何請先生幫忙與婆婆溝通？

Q

我婚後與公婆同住，最近發現我不在家時，婆婆會拆閱我的信件和帳單，讓我感覺不大舒服。

我跟親友聊起此事，大家都建議我要求老公去跟他母親溝通，但老公說他們從小信件就被拆習慣了，所以不覺得這樣有什麼不對。

我問他：「如果今天是寄到我家，我媽媽拆你的信，你能接受嗎？」他說當然不行！

我認為不能有雙重標準，但他覺得很為難，不曉得怎樣對他媽媽開口。

想請問老師，該如何讓先生跟婆婆溝通？

A

成年子女的隱私權，受法律保障

不論是夫妻、親子、婆媳，或是其他人際之間，當您有意勸阻別人不大理想的行為，最快、最有效的方法，就是讓對方知道，他持續這麼做可能會帶給自己麻煩。

父母基於監護人的權利、義務，拆閱未成年子女的書信並不觸法，但很多家長並不知道，已成年子女的隱私權，其實是受到法律保障的。

根據中華民國刑法第三百一十五條妨害書信祕密罪，「無故開拆或隱匿他人之封緘信函、文書或圖畫者，處拘役或三千元以下罰金。無故以開拆以外之方法，窺視其內容者，亦同。」

如果私自拆閱成年子女的信件都可能構成犯罪，那媳婦的信件，就更是如此了！

父母一定疼愛自己的子女，所以結婚後在雙方家庭，最好都由子女在父母面前當壞人，讓另一半當好人。這一點，多數人都懂得。

不過，**能成功維繫良好關係的重點，則在於「中間人」傳話和溝通的技巧。**

請先生幫忙溝通時的技巧

關於您的情況，我建議由您的先生找機會「偷偷」跟他媽媽說：「媽，我發現我老婆的信，您有時會先拆開來看吔！她目前是沒說什麼，可是您最好不要這樣做，因為在法律上，連自己已成年兒女的信都不可以任意拆閱，萬

TIPS

1.父母基於監護人的權利、義務，拆閱未成年子女的書信並不觸法，但很多家長並不知道，已成年子女的隱私權，受到法律保障。

2.結婚後在雙方家庭，最好都由子女在父母面前當壞人，讓另一半當好人。

一傳到別人耳裡，會覺得我們沒有法律常識，又不尊重嫁進來的媳婦，這樣對您不好喔！」

無論如何，一定要請先生表現出他的發言是為媽媽好、為媽媽著想的態度。千萬不能讓老公去對婆婆說：「我太太覺得不高興、心裡不舒服」等等，才不會讓婆婆有「兒子一結婚，就被媳婦牽著鼻子走」的誤解。

夫妻感情要好，一定要相互幫忙在自己家做人，這樣家人相處才會融洽。跟長輩相處有問題時，夫妻一定要相互體諒，一起好好商量研究解決方法。

請記得，只要傳達方式有技巧，就不會傷感情！

您可以這樣做

- 建議由您的先生找機會，「偷偷」與自己的媽媽先溝通。
- 最重要的是，無論如何，一定要請先生表現出他的發言是為媽媽好、為媽媽著想的態度。
- 只要傳達方式有技巧，就不會傷感情！

如何讓兄弟姊妹分擔對父母的責任？

Q

我家兄弟姊妹四人已各自成家，但只有我住得離娘家較近。今年過年，因覺得娘家牆壁漏水老舊，而提議請人處理並粉刷，費用大家分擔，順便汰換太破舊的椅子，但大哥認為大家找時間一起自己粉刷就好，妹妹則覺得為什麼嫁出去的女兒還要分擔，住最遠的弟弟則說爸媽又沒說需要！

或許大家都各有考量和困難，如大哥手頭緊，妹妹沒上班，要向夫家開口，弟弟什麼都聽弟妹的，認為父母賣鄉下地的錢都拿去解決大哥的財務問題，媽媽又只幫我帶過孩子。這些，聽得我很生氣，因為爸媽生病等都是我在處理！雖說孝順父母是應該的，但我心裡很不平衡，請問該如何讓兄弟姊妹合理分擔對父母的責任？

A

我常跟家長們說，對待子女務必注意公平性，父母可以做到是因為在同一個家庭中，面對多名子女，父母是統一的資源管理、分配者，但當子女各自成家後，卻是從不同的家庭（背後是不同的資源和人員結構）回來回饋父母，因此每個人的條件與想法必然不一樣。

對父母的責任分擔，要做到平均分配，幾乎不可能，怎樣才叫「合理」，也沒有一定的標準。

尊重每個人的意見與決定

父母老了，能就近給父母協助，表達孝心，讓自己將來不會有子欲養而親不待的遺憾，就是莫大的福氣。

建議您把跟父母的關係，設想成單純自己和父母間的往來互動，不要事事思考手足的責任和分配問題，因為有能力付出，就表示您幸運又幸福。

不過，當您有想法時，您還是可以先跟兄弟姊妹們商量，但終究得尊重每個人的意見與決定。

若能得到支持就共商做法，得不到奧援，也要理解，並放寬心，才不會在情緒上自我綑綁。

在自己能力範圍之內，盡力就好

認為該做，也非做不可的事，則不妨以自己獨力可做到的方式去執行，比方先處理漏水最嚴重處，汰換最老舊的必需品，就自己能力

TIPS

1. 當子女各自成家後，是從不同的家庭（背後是不同的資源和人員結構）回來回饋父母，因此每個人的條件與想法必然不一樣。
2. 若能得到支持，就與兄弟姊妹共商做法，得不到奧援，也要理解，並放寬心，才不會在情緒上自我綑綁。

範圍盡力就好。

其實只要兒女有孝心，父母就很欣慰了！

您可以這樣做

- 關於孝順父母，您還是可以先跟兄弟姊妹們商量，但終究得尊重每個人的決定。
- 您認為該做，也非做不可的事，則不妨以自己獨力可做到的方式去執行，比方先處理漏水最嚴重處等，就自己能力範圍盡力就好。

Part 2
學生提問

該選哪一所學校，才是對的？

Q

我是一個國中生，正面臨升學考驗，但我很困惑，不知道該選擇哪所高中。我的成績很好，一定能直升本校高中，但我有一個大好幾歲的姊姊，她以前念高中部時，在師長們的眼中再優秀不過。許多老師一知道我是她妹妹，總說：「這就是○○的妹妹唷！」但我不喜歡這樣，感覺不論我表現多好，老師總在比較我們。

老師對我說：「妳看姊姊直升，表現多好，妳到外校，也能有這麼多機會和表現嗎？」「比較」不是不對的嗎？結果媽媽也說：「若妳直升，包袱（指姊姊）會很重。」選直升，等著被比較；選外面名校，又怕比不過別校。請您指點我，怎麼辦？

A

何妨換另一個角度

我想許多人一定很羨慕妳能有選學校的煩惱吧！有優秀手足的確很辛苦，但往好處想，是否好過有個不學好、會惹麻煩的手足？

天下事沒有樣樣好，每件事絕對都有利弊面。

比方，一個優秀但從未遭遇挫折、磨練的孩子，求學過程或許令人羨慕，但入社會後的表現卻不一定好。

我希望妳能了解，**所謂「優秀」就是比較出來的**。今天，即使別人沒把妳跟姊姊做比較，一樣還是會跟許多同儕做比較。

無法逃避的「比較」

「不要比較」是一種對人的禮貌和自我價值追尋的平衡調整方式之一，但我們的一生，不論是求學、求職或其他，其實都不可避免「比較」。

TIPS

1.天下事沒有樣樣好，每件事絕對都有利弊面。
2.我們的一生，不論是求學、求職或其他，其實都不可避免「比較」。

如何學習調適、建立正確觀念，強化自信和設定目標，化比較為進步的動力，才能過得充實快樂，才不會因為外人動張嘴，隨意比較而生氣、不悅，甚至彆扭、叛逆，把自己弄成真正的輸家。

人生就像跑馬拉松，通常冠軍都不是前面跑第一的人，不論是優秀手足或菁英同儕，其實都是幫你探路的人，和可追隨砥礪的參考點。

請妳好好跟父母把困擾說清楚，一起商量，做出對妳最理想的決定。

接下來，只要妳能保持樂觀、進取的態度，持續努力，妳的選擇就是正確的！

孩子可以這樣做

- 別因為外人動張嘴，隨意比較而生氣，甚至叛逆，把自己弄成真正的輸家。
- 請妳好好跟父母把困擾說清楚，一起商量，做出對妳最理想的決定。

我是迷茫的青少年，怎麼辦？

Q

我有虎爸虎媽，但偏偏我不是讀書的料，父母花大錢把我送到很遠的私立高中，結果我成績更爛，數學最高只考過十五分。我文科不錯，作文還得到老師稱讚，可是這些對只重數理的雙親而言都是屁，還說讀文科，能做什麼。

我壓力大到失眠，一讀書就胃痛，但父母卻認為我偷懶。我只有在看小說時才快樂。指考當然考不好，我父母丟不起臉，堅持我重考！現在的我每天渾渾噩噩，更不想與父母溝通。我偶然中知道打工度假，沒錢也可出國，想說不如出去看看。我父母強烈反對，叫我不重考就當兵，不過我希望可以為自己活。我該怎麼辦？

A

關於你的人生，只有你自己在跟父母好好商量之後，才能為自己做選擇和決定。

我只能幫你釐清幾點觀念，希望有點幫助。

多數人的人生方向都是慢慢摸索、發現

第一，其實並不只有你，多數年輕人在大學畢業前，甚至已工作數年，也還不知道自己未來的方向與目標。

除了少數天才，絕大多數的人所擁有的知識和能力，都是後天努力學習來，人生方向也是慢慢摸索才浮現。

父母多希望孩子能進好大學，是因為好的學校可以提供較好的環境資源與同儕

激勵。高中以前提供的都是基本教育，是每個人進入社會必須具備的知識與能力。

你的父母鞭策你並沒有錯，可惜的是他們不了解**學習需要發自內心的動力，除了鞭策，孩子還需要父母的理解和鼓勵**，因此讓你錯失藉由讀書，「為自己」好好培養基本能力的機會。

學習，從不輕鬆、愉快

第二，現在的社會氛圍太強調「興趣」與「快樂學習」，其實學習的過程本來就需要大量的操練，不可能多輕鬆、愉快。

我所認識**學業優秀的人，百分之九十都不是資優或天才，但他們都具備自我約束、鞭策和苦讀的能力**。就好比種植作物，在收成之前，都需要長期辛苦耕種的過程。

第三，以「就職」觀點來說，你的父母說的是事實，學理工在出路上的確比文科畢業生吃香，但他們忘了並非人人都有讀理工的天分。

其實，行行出狀元，即使成績不好，他們也應勉勵你，**從讀書的過程中「為自己」培養積極進取的態度和學習心，這才是人生成功的要素**。

向師長、前輩請教

你還年輕，重考、出國、讀語言、從軍……人生每一條路都有可能性，也各有發展，其實，無人可鐵口直斷怎樣才會成功美滿；**積極樂觀和進取，才是讓你成功的王道**。

如果眼前的環境、條件不允許你出國，轉念不一定需要到海外，你可以向你敬佩的師長或前輩，請教解套的方法，並切實的想像自己如果是父母親，面對孩子這樣的情況，你會怎麼想？怎麼做？

其實，**多數時候，壓力是來自於觀念，而不是事情本身**。

TIPS

1.多數年輕人在大學畢業前，甚至已工作數年，也還不知道自己未來的方向與目標，人生方向都是慢慢摸索才浮現。

2.不需要質疑父母對你的愛，因為父母也是在做中學。當你理解父母並改變態度，事情很可能就會有轉機。

正面迎擊，才是解決問題的方法！

不需要質疑父母對你的愛，因為父母這個角色也是在做中學，並不是所有父母都具備最正確、完美的觀念與方法。

當你理解父母並改變態度，事情很可能就會有轉機。我希望你從讀小說中，不是找到逃避現實的小窩，而是從中學到了很多好的觀念與知識，知道了人生百態。

從你寄來的長信中看得出來，你的文筆真的很不錯！你或許自覺口頭溝通能力不佳，但我認為既然你有辦法讓我懂得你的無奈與迷茫，你必然也有能力，透過你最擅長的文字，讓你的父母了解，你明白他們的苦心，也願意好好面對眼前的困局，但希望他們能伸出援手，陪伴你一起轉換觀點、尋求解答。

正面迎擊，而非逃避，才是解決問題的方法！

孩子可以這樣做

- 你可以向你敬佩的師長或前輩，請教解套的方法，並切實的想像自己如果是父母親，面對孩子這樣的情況，你會怎麼想？怎麼做？
- 你必然也有能力，透過你最擅長的文字，讓你的父母了解，你明白他們的苦心，也願意好好面對眼前的困局，但希望他們能伸出援手，陪伴你一起尋求解答。

我選了一所沒有興趣的學校，如何是好？

Q

我今年高中畢業，我的理想與家人的期望不同。我很清楚自己想要念什麼，剛開始我相當堅持，但卻因為不想讓父母失望，不知不覺竟又照著家人和教官的期望走。

「不聽老人言，吃虧在眼前」這句話讓我投降了。當時念軍校是希望能為家裡分擔，以後也會有較穩定的收入。雖然大家都說「撐過就好」，但大家都知道，那樣制式化的生活方式根本就不適合我的個性。

如今我竟然選擇了一條毫無意願、興趣的道路，內心十分矛盾，該如何是好？

A

你在信中提了兩句「老人言」，說明了你是個理性與感性兼具的人。你了解自己的個性，對人生也充滿理想，但理智卻告訴你必須好好考慮師長的意見。

你不敢堅持，是因為你對自己的意願沒有十足的把握，你既不想要失敗，也不希望讓關愛你的人失望。

「老人言」不一定是對的

「老人言」常常值得參考，因為這些意見通常都經過了時間的考驗，並一再被驗證。你會不知不覺的照著家人的期望走，其實你的內心深處，應該是相信接受家人和教官的建議成功機率比較高。

不過「老人言」也不見得一定是對的，現代社會變動越來越快速，過去的經驗不見得必然適用，比方近年來，學歷高就工作好的成見就已逐漸被打破。

沒有什麼人能預知未來的發展，只是在選擇上，的確還是會有風險高低的差別：謹慎、保守的人，通常會選擇眼前比較安全的路，有冒險精神的人，則較容易跟著自己的意願去拚拚看。

生活其實就像商業投資，高風險的投資不是大賺就大賠，風險低的投資安穩，卻難有驚喜。人生的賭注要怎麼下，就看每個人自己的選擇。

成功者的特質與能力

你很年輕，你的人生還充滿了許多的變動與選擇。其實，很有可能過些年，你的經歷多了，眼界寬了，你現階段所認定的目標和理想

TIPS

1. 現代社會變動越來越快速，過去的經驗不見得適用，比方近年來，學歷高就工作好的成見就已被打破。
2. 人生道路沒有所謂的正確或適合，端看自己有沒有意志力與調適力去努力。

就會有所改變。

人生道路沒有所謂的正確或適合，端看自己有沒有意志力與調適力去面對和努力。

理想無法只靠熱情和幹勁實現，還需要許多現實條件的配合。你目前的抉擇如果是為了家庭經濟因素的不得不，那你就該樂觀、積極的面對。

很少人能真正以心目中最理想的工作維生，我相信**多數成功的人，都具備從「無論什麼工作」中找出樂趣、激發熱情的能力**。

跨界整合是目前的潮流

往好處想，軍校和軍職可以給你穩定的生活和收入，你還是可以利用休假、閒暇時間，持續培養、進修自己的第二、第三專長。

現在跨界整合是潮流，如今的軍校環境也絕對不如過去那麼刻板。在進入體制後，你也可以努力發掘能配合自己興趣、方向的可能性。

人生如果無法選你所愛，就一定要愛你所選，你才有辦法讓自己往成功、快樂的目標邁進。所以，請加油囉！

孩子可以這樣做

- 理想無法只靠熱情和幹勁實現，還需要許多現實條件的配合。你目前的抉擇如果是為了家庭經濟因素，那你就該樂觀、積極的面對。
- 軍校和軍職可以給你穩定的生活和收入，你可以利用休假，持續培養、進修自己的第二、第三專長。

我對前途感到茫然，怎麼辦？

Q

我學的是護理，但沒考到證照，對做護士也沒興趣，想轉行，可是家人不支持。畢業後，雖然在診所上班，但常常被上司整或罵，因為工作環境不愉快，我換了好幾次工作。

我父母認為是我抗壓性不足，不過我覺得原因應該是我討厭這行，又得不到家人支持吧！

另外，我覺得爸媽是因為妹妹功課好，所以偏心妹妹。

請問如果今年我還是考不到證照，是應該繼續考？還是跟家人溝通轉行？其實我對禮儀師還滿感興趣的。

A

任何不認識妳、不了解妳的人，包括我在內，都無法回答妳的問題。妳的問題，只能靠妳自己，經由審慎的自我檢視，加上對自己條件與環境的整體評估，來找出答案。

不過，對於妳的人際關係和做事態度，我倒是可以提出一些我的看法，給妳參考。

從妳寫來的長信中，看得出來妳的生活處處碰壁，好像怎麼走都不通。花了這麼多時間和學費學了護理專長，畢業了卻考不上證照；想轉行又無法說服父母，覺得爸媽是因為妹妹功課好所以偏心妹妹；為了家庭經濟壓力不得不去醫療診所工作，可是護理相關工作，妳沒興趣之外，連工作環境和上司都不佳！真的好不順利啊！

工作一定會有挫折與壓力

但是，很多事要嘗試過才知道喜不喜歡，所以我希望妳了解，其實很少人可以從小就立定志向，早早就知道自己將來喜歡或適合做什麼行業，通常都得在求學過程中，甚至出社會工作幾年之後，慢慢摸索體驗，才會了解自己真正的感覺和心意。因此，在妳這種剛畢業的年紀，對前途感到茫茫然，是極為普遍的現象。**年輕人能做的，就是利用嘗試和轉換的過程了解自我，同時不斷充實自己的能力**，即使覺得入錯行、走錯路，需要轉行，也希望花掉的這些時間、力氣沒有白費，而是經由工作的訓練與磨練，為自己的能力和經歷加分，作為下一階段的跳板或墊腳石。

工作是去賺錢，不是去當大爺，所以一定會有挫折與壓力，即使是自己喜歡的行業，做起來也不一定快樂。

菜鳥下屬被欺負或同事鉤心鬥角都是職場常情，要不是這樣，《甄嬛傳》和日劇《半澤直樹》，怎能讓廣大上班族心有戚戚焉？

不論到哪個職場，都可能有挺妳，或對妳有敵意的人。如何與各式各樣的人周旋相處，其實就是進入任何職場必須的磨練與學習。

現代社會太強調熱情和興趣，卻忘了任何人都需要跟現實妥協；總要先填飽肚子，照顧好生活所需，也盡了責任，才有條件談興趣和熱情。

閱讀關於職場成功的教戰書

我所知道的一些**傑出人才，他們都有一種個性、特質，那就是不論在怎麼樣的環境，他們都不會怪環境不好，而是會更努力爭取機會與最好的表現**，有計畫的為自己脫身，前往下一個目標，做完善的鋪路工作。

我建議妳不妨去找一些關於職場成功的教戰書來看，從閱讀這些書籍，妳會學到積極、正向的態度與觀念，比方像是《妳和成功只差16步——萊雅首位台灣女總裁教妳事業&家庭處處圓滿》，或妳可以上一位作家鍾子偉的部落格，去讀讀他的文章（從點閱率最高的幾篇開始看），妳就會發現這些優秀的人才，他們在職場遭遇挫折的時候，絕不會每天哭著回家，覺得自己很倒楣，而是積極的尋求解決或解套的方法。

如果妳能為自己建立這樣的態度，妳就會發現，**逆境中學習到的更多！**

是溝通？還是各自表述？

很多孩子會認為父母對功課好的手足偏心，其實多數時候是誤會大了。

表現好的孩子不讓父母操心，父母不需念東念西，衝突當然比較少。

TIPS

1. 很少人可以從小就立定志向，通常都得在求學過程中，甚至出社會工作幾年之後，慢慢摸索體驗，才會了解自己真正的感覺和心意。
2. 不論到哪個職場，都可能有挺妳，或對妳有敵意的人。如何與各式各樣的人相處，是進入任何職場必須的磨練與學習。

正因為父母都希望自己每個孩子都過得一樣好，對表現比較不理想的孩子，通常會忍不住想念，想拉著孩子往自己心目中對孩子比較好的方向去走。

妳覺得父母不支持妳，跟他們無法溝通，但妳真的有跟他們好好「溝通」嗎？還是只有陳述妳的期望給他們聽？妳有認真思考過他們的想法和意見嗎？妳有想像過如果妳是他們，是否對自己的孩子也會持相同的看法？

所謂知己知彼，**有效的溝通必須從相互的聆聽和了解出發**，如果每個人只是陳述自己的想法和意願給對方聽，那就不是溝通，只能算是「各自表述」。

充分收集資料，說服他人

當妳想要說服別人時，妳必須充分收集資料，然後整理出一套理由和邏輯，去動搖對方的觀點、立場。

假設妳認真思考後真的想從事禮儀師的行業，妳就必須把這個行業有的公司和工作機會查清楚，包括需要付出的代價、工作的詳細內容、未來可能的發展等等，並找到業內的人請教。

把這一切分析、整理都準備好，表現出決心，妳才有辦法說服父母，讓他們了解妳都想清楚了，妳有可執行的目標、方向，所以妳一定可以咬牙撐過所有困難，並堅持下去，這樣妳的前途規劃才有意義和說服力。

如果妳只是含混的「覺得」這一行或許不錯，想去做看看，就算妳的父母不反對妳轉行，終究妳可能也會因為一頭栽進去之後，才「意外發現」這一行很辛苦，或其實沒什麼妳想像中的好前途，結果又做不下去。

其實護理是社會上很受重視的專業，往後的社會發展，對護理人才的需求只有越來越多，擁有這樣的專業能力，妳在職場上比文科畢業的大學生還吃香。

即使不想從事護士這一行，幾年的求學時間都花下去了，如果咬牙拚到證照，對妳的求職條件就有加分效果。

舉例來說，假設妳想去幼稚園當助理老師，若競爭者條件相當，相比之下，學校一定很樂意請一個有護理專業的老師。

又假設妳再怎麼拚也考不上護理執照，但若妳能去考到比較容易的美容師執照，結合妳的護理訓練，妳就有機會到現在很夯的醫美診所去當美容師。

妳擁有的專業是妳的條件資產，該如何跨界、整合應用，就得靠妳自己去用心打聽和蒐集資料。

學習轉換觀點的能力，充實自己與人溝通的技巧。**當妳有能力改變，妳就會發現周遭的人和環境也跟著改變了！**

孩子可以這樣做

- 不妨找一些關於職場成功的教戰書來看，從閱讀這些書籍，妳會學到積極、正向的態度與觀念。
- 假設妳真的想從事禮儀師行業，妳必須把這行業的公司和工作機會查清楚，包括需要付出的代價、工作的內容、未來可能的發展等，妳才有辦法說服父母。

如何讓父親改變？

Q

我是個大學生，家中看似正常，但我心裡其實一直為媽媽抱不平。我爸爸雖然不算壞，但個性上跟家人沒什麼交集也很自私，很少參與和承擔家中的事，只瘋狂沉迷於自己的興趣，因此常惹媽媽生氣。媽媽已經無數次用盡各種方法和他溝通，甚至大吵大罵，也無法讓他改進。

看媽媽每隔一段時間就受爸爸的氣，做女兒的為她感到心疼。難道真的沒有方法，可以讓爸爸「變好」嗎？

A

沒有「對錯」，只有立場和需求不同

在談妳的問題之前，我想先分享自己的一個小經驗。

我父親工作忙，從小到大，我跟他相處的時間很少，和媽媽談天的機會多，因而接收了不少我母親對我父親的怨言。

尤其在自己上大學和結婚以後，身為女人，對媽媽一路走來的不滿和委屈更能理解。

直到多年前有一天，我打電話回娘家和我母親聊天，她又抱怨我父親，說她自己怕熱，但我父親怕冷。每晚，他們都會為睡覺時開不開冷氣而吵架。

我忽然發現，我沒有像以往一樣附和或「同情」我母親，而是不假思索的為我父親說話，說他是因為瘦才會怕冷，希望媽媽不要因爸爸需求跟她不同就指責他。

為什麼？因為我自己也很怕吹冷氣（我鼻子過敏，吹冷氣會鼻水直流），但我先生卻非常怕熱，所以我也常為了冷氣跟我先生「意見不合」。最後我們不得不的解決方式是——他開冷氣，我蓋棉被！

在這件事上，我非常難得的了解我父親的感受而為他說話，這才驚覺過去這麼多年來，關於我父母之間，我聽到的應該都算是「單方見解」。

這件「小事」讓我從此開始提醒自己，人與人之間生活上的相處，常常沒有「對錯」，而是立場和需求不同的問題。

再相愛的人，在一起生活，也還是會有滿腹牢騷和不滿；只要是活生生的人，都會有缺點，也都常忘了檢討自己，忙著指責他人。

我的父母並不完美，但這樣的發現和了解，卻無損他們在我心目中「可愛好父母」的形象，反而讓我在他們互有怨言時，可以幫忙他們做一些理性的分析和協調。

理性面對，找出原因

其實，很多男人都有過度投入興趣、嗜好的情形，正如同很多女人會有亂瞎拼的問題。如果能夠放掉「不可思議」的批判角度，從諒解出發，少些怨懟，就比較容易得到對方善意的回應。

常有夫妻對另一半說謊感到憤怒，但卻沒有審慎檢視說謊背後代表的，通常是壓力和不被了解。

就算都是妳父親的錯，但事實是他為了某些原因，就是無法做到妳母親的要求，因而選擇說謊。

我們若繼續生氣、抱怨，只會把自己捲入更深的漩渦，遠不如理性的面對，找出原因。

找出雙方可以接受的改善方案

以前常聽人說，有夫妻為了擠牙膏的方式都可以吵到離婚，意思就是夫妻之間，對旁人來說，芝麻蒜皮的事累積久了，也可以成為爆

TIPS

1. 再相愛的人，在一起生活，也還是會有滿腹牢騷和不滿；只要是活生生的人，都會有缺點，也都常忘了檢討自己，忙著指責他人。
2. 我們若繼續生氣、抱怨，只會把自己捲入更深的漩渦，遠不如理性的面對，找出原因。

發點。其實，關起門來，家家有本難念的經，世界上根本不可能有百分百「琴瑟和鳴」的夫妻。

表達意見或吵架只能算是溝通的第一步，當發現對方持續無法達到我們的要求時，若目標是維繫關係，那解決問題需要的就是妥協，而非堅持。

我們不一定需要改變自己的立場，但若能從不同觀點思考，並了解對方的需求與感受，就比較容易找出雙方可以接受的改善方案。

每個人的個性不同，但一定有「弱點」或比較柔軟之處；和樂、融洽不會自然發生，需要應對策略和技巧。

鼓勵媽媽，從改變自己做起

妳的年紀應該已經可以和母親像朋友一樣的聊天了。從來信中看起來，妳父母之間的問題並不是生活費或外遇之類立即「動搖家本」的麻煩。妳可以嘗試鼓勵媽媽從改變自己做起，比方降低對妳父親的期待和要求標準。

請她多想想自己擁有的（像是有妳這麼貼心的女兒），調整生活重心，和合得來的朋友一起去上課、運動或郊遊，為自己找到精神的寄託。

我也希望妳能讓媽媽了解，**我們真正能掌控的人只有自己，因此不該把快樂和期待建立在任何「別人」（包括伴侶或子女）身上**。

每個成年人都有自己想要追求的目標和生活寄託，親密伴侶間的興趣、嗜好實在無法同步的話，也只能尊重。

想讓爸爸「變好」（變得符合她的期待）或許不容易，但要讓她自己變快樂和感覺幸福，卻只需要改變想法和心境，其實並不困難。

人際相處是非常微妙的互動，通常我們想通了，先做調整或改變，就會發現別人也跟著改變了！

孩子可以這樣做

- 妳可以嘗試鼓勵媽媽從改變自己做起，比方降低對妳父親的期待和要求標準。
- 請媽媽多想想自己擁有的（像是有妳這麼貼心的女兒），調整生活重心，和合得來的朋友一起去上課、運動或郊遊，為自己找到精神的寄託。
- 人際相處是非常微妙的互動，通常我們想通了，先做調整或改變，就會發現別人也跟著改變了！

父母為我吵架，怎麼辦？

Q

我是國一生，幾天前，媽媽因我賴床，所以罵了我幾句。爸爸一向疼我，所以叫媽媽不要罵了，可是媽媽認為她是在教我，結果他們就吵了起來。

我想跟媽媽解釋，但她卻又念了我幾句，結果爸爸突然大吼：「不要再念了！」

他們因此陷入冷戰。我知道父母對我的管教方式不同，但我覺得他們其實可以好好溝通……

今天爸爸買午餐，只買給我吃，這讓媽媽更生氣了。她認為是我哭給爸爸看，是我製造問題。我也不想這樣……我試過要溝通，可是好困難！我到底該怎麼做？

A

人生最複雜、多變的一門課

符合社會期待的理想父母，應該要能相處融洽、理性成熟，對待兒女立場一致，情緒管理能力良好，時時在言行上做兒女最好的榜樣。但是，現實生活中的父母，卻很難有如此完美的表現。

每一個人，都會因為出身背景和成長環境，形成不同的觀念、個性與行為模式，人與人的相處狀況因而互動出無數的可能性。

因此包括親子關係在內的「人際關係」，真的是人生最複雜多變的一門課，每個人都得終身學習。

並不一定年長的人就比較成熟

所以，並不一定年長的人就必然比較成熟、理性——多數父母也會想法不正確或犯錯，也會生氣、嫉妒，甚至失控，然而他們從自己過往的經驗中，並不見得有機會，學習到正確的觀念和化解衝突的好方法。

還有，很多大人都放不下面子和自尊，因而成人之間的爭執，也往往不像小孩子間那麼容易化解。

一般來說，個性比較成熟、穩定的人，通常具備轉換觀點的能力，可以跳脫自我的盲點，從較為客觀的角度來思考問題。

也因為客觀、諒解、尊重，所以對別人的攻擊或指責不會防衛性的生氣或反擊，可以控制情緒，找出比較理想、不會讓衝突升高的溝通方式。

妳年紀雖輕，面對父母的問題能積極的尋求解決方法與協助，表示妳有相當的成熟度，非常的難能可貴。

我雖無法詳細的建議妳每個步驟該怎麼做，不過我可以提供妳一些基本的概念，作為後續應對的參考。

諒解母親的憤怒與指責

以這件事情來說，媽媽是為了鞭策妳努力，爸爸則是想要維護妳免於責難，其實雙方的角度、做法雖然不同，但出發點都是因為「愛妳」，然而在妳面前，爸爸當好人，媽媽卻當了壞人，而且她還為此受到爸爸的指責。

有了這樣的理解，妳就可以體會媽媽內心感受到的委屈，並進一步諒解她的憤怒與指責。

請不要害怕在最親密的家人面前，承認自己的錯誤和弱點。勇敢的向媽媽道歉，並誠實的讓媽媽知道，他們的冷戰造成妳的擔憂與自責。

不妨傳簡訊、寫卡片或寫紙條

找機會，向爸爸撒撒嬌，說媽媽的好話，承擔起讓媽媽生氣的責任，懇請爸爸調整對媽媽說話的態度和方式。

爸爸既然這麼疼妳，他絕對不會怪罪於妳，反而會因為妳的懂事而自我檢討。

如果妳覺得當面開口很難的話，不妨試著傳簡訊、寫卡片或寫紙條給他們。

為了不讓妳和父母之間陷入更難解的親子三角關係，往後，妳必須盡量避免自己在父母之間製造矛盾與衝突，因此**第一要務，就是減少媽媽在爸爸面前生氣和罵妳的機會**。

轉念，母女相處更輕鬆

當然沒有人喜歡被糾正、指責，因此不少人在做錯事的時候（比方妳的賴床），總喜歡解釋，甚至反駁，認為這樣可以減少自己被誤解的程度，但結果通常只會更加激怒對方。

到底該怎麼做呢？

其實妳只要時常提醒自

TIPS

1. 符合社會期待的理想父母，應該要能相處融洽、理性成熟。但是，現實生活中的父母，卻很難有如此完美的表現。
2. 很多大人都放不下面子和自尊，因而成人之間的爭執，更難化解。

己，媽媽念妳、罵妳，還不都是為了妳好，妳就可以自我調整，用比較輕鬆的態度面對她。

當下若妳能先按捺住回嘴的衝動，接著坦然認錯，並明快的表示自己會改善，媽媽應該就不會再囉嗦，更不會有後續的發展了！

培養幽默感

此外，如果妳能培養一點幽默感，妳跟媽媽的相處就會更愉快。

我記得以前有個朋友的先生非常囉嗦，讓她很煩，夫妻因此常常吵架，後來她想了一個辦法，那就是先生一嘮叨，她就嘻皮笑臉的作揖，回說：「夫君所言甚是！」她老公覺得好笑，就不再生氣、念個不停了。

我猜想，「娘親所言甚是！」對妳應該也很好用！

請妳記得「父母關係和諧」對妳絕對是最有利的，因此妳一定要加油，讓自己成為父母間更緊密結合的溝通橋梁，而不是衝突製造機喔。

孩子可以這樣做

- 請先體會媽媽內心感受到的委屈，並進一步諒解她的憤怒與指責。
- 勇敢的向媽媽道歉，並誠實的讓媽媽知道，他們的冷戰造成妳的擔憂與自責。
- 找機會，向爸爸撒撒嬌，説媽媽的好話，承擔起讓媽媽生氣的責任，懇請爸爸調整對媽媽説話的態度和方式。
- 如果妳覺得當面開口很難的話，不妨試著傳簡訊、寫卡片或寫紙條給他們。
- 若妳能培養一點幽默感，妳跟媽媽的相處就會更愉快。

弟弟愛搞社運，要怎麼勸他？

Q

自從弟弟離家上大學後，他開始熱衷社會運動，還曾差點被校方退學處分，那時母親天天以淚洗面。之後弟弟仍每隔一段時間，媒體上就會出現他的身影，母親總是打電話跟我哭訴，我也只能勸慰她……然而做父母的，怎麼可能輕易放下？

弟弟已與我們漸行漸遠，他改臉書帳號，說謊以避免父母阻撓。他新臉書中的一項項動態都深深刺痛我的心，但因父母不用電腦，並不知情，我只能祈禱他不要出現在新聞中。看父母一輩子辛勞卻換來這樣的回報，情何以堪？

我擔心吐露實情會讓父母承受不住，又怕弟弟會更肆意而為，內心掙扎不已。

A

面對成年孩子，父母應有的態度

現在的社會觀念、看法越來越多元，已經很難像過去一樣，藉由強勢的洗腦教育，讓孩子和上一輩有相似的價值觀。如果已經錯過了對孩子發揮影響力的時機，現代父母面對成年的孩子，可以不放棄期待，嘗試各種方式，繼續努力，但同時為了自己的身心健康，也一定要學會諒解、尊重、寬心和放手，才有辦法從情緒枷鎖中解脫，避免自己過早受到身心病痛的折磨、摧殘。

理念和信仰一樣，多數時候，並沒有是非，而是立場、想法和個人需求的問題，必須予以尊重；各持己見的「對話」或指責，只會激化對立與怨懟，對於改善現況、促進和諧，並沒有幫助。

當一方選擇欺騙、應付，另一方生氣、傷心之餘，或許更該將之視為「警訊」，並冷靜思考——若自己再繼續堅持原來的想法、做法和要求，對解決問題可有幫助？

先諒解、包容，再潛移默化

各退一步，從妥協中，求取共同利益的最大值，才有辦法和諧共處。問題是，誰先退？面對個性強、很有自我主張的孩子，方法很重要。

很多父母或許都有過這樣的經驗，那就是先諒解、包容，讓溝通管道暢通，再以潛移默化的滲透方式，發揮影響力，比較可能達到效果。

如果眼看弟弟的理念與熱情無法改變，而保持家人關係圓滿，是你們共同期待的最重要目標，那就別忘了，**沒有人喜歡被否定、被限制、被責備。家庭的溫暖與柔情，反而可以發揮很大的約束力量。**

TIPS

1. 現代父母面對成年的孩子，可以嘗試各種方式，繼續努力，但同時為了自己的身心健康，也一定要學會諒解、尊重和放手。
2. 很多父母或許都有過這樣的經驗，那就是先諒解、包容，讓溝通管道暢通，再以潛移默化的方式，發揮影響力，比較可能達到效果。

觀念和想法，正因為無形，是最難，卻也是最容易改變的。如果你的父母傳統而純樸，那面對問題時，**他們需要的不光是安慰，而是能帶著他們因應狀況去調整想法，乃至於做法的「思考方式」**。

針對這件事，你暫時可以不揭露實情，但你必須盡快客觀的理出一套思考邏輯與折衷可行的方法，再去協助你的父母和弟弟，讓雙方各有進退。

比方，透過耐心、反覆的勸說，讓父母了解時代不同了，對孝道和親子關係的理解與期待必須有所修正；以諒解的態度讓弟弟卸下心防，再找合適時機，提醒為人子的責任義務，協助弟弟，找出讓父母較能寬心的做法。

請記得，家庭也和民主社會一樣，說穿了，就是各有各的想法和利益；包容多元觀點的同時，沒有人有資格自以為代表正義。

關於「尊重」和「妥協」，以追求和諧的態度與藝術，我想我們都還有很多需要學習。

孩子可以這樣做

- 透過耐心、反覆的勸說，讓父母了解時代不同了，對孝道和親子關係的理解與期待必須有所修正
- 以諒解的態度讓弟弟卸下心防，再找合適時機，提醒為人子的責任義務，協助弟弟，找出讓父母較能寬心的做法。

父親愛亂投資，我好煩惱！

Q

我們家裡經濟不錯，但父親的理財狀況很糟糕。我們每每想給建議，但就會被駁斥說我們不懂。父親喜歡投資創業，在金融海嘯時賠很多，但他還是勸不聽，繼續把錢投下去。我本身念商，看不下去，卻無法溝通。不影響家庭生活就算了，但現在常要周轉，甚至不足。當弟妹要付學費、生活費或意見不合時，父親就說養我們很累，叫我們自己想辦法！

我們都很爭氣，考上一流國立大學，學費算便宜，加上生活費，不到他投資創業的三分之一……我不懂為什麼父親可以輕易講出那些傷人的話，也讓我們覺得還是靠自己最實在。父親屢勸不聽，該怎麼辦？

A

有一句話說「小富由人，大富由天」，意思是想要成為「大富」，運氣的成分很大。買股票、投資也是一樣，老實說，就是某種程度的「賭博」。

世界上沒有真的投資之神，因為沒有人能預知未來會有什麼樣的事件和發展，英雄還是要靠時勢來造。

舉例來說，不少投資人認真研究產業訊息，穩健、規矩的投資，但誰料得到像大地震、核災、傳染病爆發這一類突發性的環境變化？

當年的金融海嘯前，很多人做的理財，比方投資房地產或買高信評公司的金融產品，在當時一般社會眼中，都是穩健、保守的投資，沒想到卻會輸掉辛苦的積蓄。

所以，投資是以成果論英雄，除非有人真的是胡亂丟錢、貪心、選擇高風險投資或是被騙，沒有對錯的問題。

孩子，請對父母心存感謝

華人社會有累積財富給子女的習慣，但在歐美國家，很多孩子讀大學開始，就是靠自己了。

台灣有些年輕人會向我抱怨他們運氣不好，沒有富爸爸，但是比上不足，比下有餘。

我會提醒他們，父母沒有犯罪、跑路、害孩子揹債，讓他們溫飽安定，順利成長，就應心存感謝。

TIPS

1. 投資是以成果論英雄，除非有人真的是胡亂丟錢、貪心、選擇高風險投資或是被騙，沒有對錯的問題。
2. 妳的父親已經把你們拉拔到那麼大，如果錢都是他賺的，只要他沒有損害到你們基本的生活，他要如何運用，只能予以尊重。

設立與父親的溝通目標

妳的父親已經把你們拉拔到那麼大，如果錢都是他賺的，只要他沒有損害到你們基本的生活，他要如何運用，只能予以尊重。

當然，由於你們兄弟姊妹還在求學，並未真正獨立，仍然需要父母的經濟支持，你們也希望父親的投資不要影響大家往後的生活品質，因此**目標應該放在請父親在投資分配上要盡量不動搖家本**。

孩子，請多些理解

如果妳能知道投資是運氣，了解父親現在的持續投入，很可能其實是他急於彌補在金融海嘯的損失，妳的發言就會多了父親容易接受的諒解態度。

學商只表示妳有了這個領域的入門知識，懂了一些基本的遊戲規則，但仍欠缺最珍貴的實戰經驗與人生歷練。

假使妳的父親在觀念、態度和言語表達上有不理想之處，妳身為大姊，若能給弟妹正確的觀念與引導，並做長輩與弟妹間的橋梁，就是對妳的家庭最大的貢獻。

男人（父親，還有妳未來的另一半也一樣）要的是面子，心存對父親的敬意與感謝，把妳的所學與見解，謙虛、誠懇的整理、分析，柔軟但堅定的提供給父親參考，我相信他會樂意接受。

孩子可以這樣做

- 假使妳的父親在觀念、態度和言語表達上有不理想之處，妳身為大姊，若能給弟妹正確的引導，並做長輩與弟妹間的橋梁，就是對妳的家庭最大的貢獻。
- 心存對父親的敬意與感謝，把妳的所學與見解，謙虛、誠懇的整理、分析，柔軟但堅定的提供給父親參考，我相信他會樂意接受。

如何幫弟弟找回生活的動機與熱情？

Q

因為父母工作的關係，從小我就由祖父母照顧，小我好幾歲的弟弟則跟父母生活。我順利從公立大學畢業、讀研究所。弟弟雖比我擁有更多父母的關愛與資源，但小時因父母要求嚴格，成績偶不理想，就被責罵、處罰。他考進私立大學，卻差點被退學。大二雖成功轉系，卻依舊蹺課、缺考，眼看又要被二一。

弟弟在成長過程中沒找到生活目標。爸媽管教缺乏原則又情緒化。我嘗試勸父母換方法面對弟弟，甚至建議他休學半年，找份簡單工作，弟弟卻因此對我吼叫，認為順利又幸運的我故意整他。我真的希望能幫他找到動機和熱情，我該如何做？

A

動機和進取心，是「念」不出來的

我曾在很多次類似提問的答覆中提到，動機和進取心是發自於內心，必須從小引導和培養，無法靠父母及旁人用罵或念出來。

除了因機運不好的失敗，不少生活失意的人，個性和想法都有很多問題，才會造成不好的結果，但當事人通常無法看清，也不願承認。

以間接、委婉取代直言直諫

妳是個真心愛護弟弟的好姊姊，可惜以手足的立場，除非他非常崇拜、敬重妳，不然妳對他的影響力其實十分有限。

忠言逆耳，勸諫他人本來就是非常困難的事情，必須洞悉人性，也得具備如何用糖衣包裝苦藥的表達技巧。

儘管妳本著一片真心，但直言直諫在現實生活的人際關係中本來就很難行得通，因此認真思考、揣想弟弟的個性好惡與弱點，學習用比較間接、委婉的方式達到妳的目的，是妳可以持續努力去做的。

父母必須痛下決心

一個從小予取予求的孩子，年紀越大，對父母的傷害力就越大。或許妳只能多方收集專家、學者對類似情況的建議，整理後，好好分析給父母聽，提供他們參考，看是否能共同商

TIPS

1. 動機和進取心是發自內心，必須從小引導和培養，無法靠父母及旁人用罵或念出來。
2. 關鍵還是在妳的父母，他們必須想清楚並痛下決心，不怕讓兒子面對失敗和痛苦，比方讓弟弟知道若他被退學，他就得面對怎樣的結果。

討出可執行的對策。

我想關鍵還是在妳的父母，他們必須想清楚並痛下決心，不怕讓兒子面對失敗和痛苦，比方讓弟弟知道若他被退學，他就得面對怎樣的結果。父母不會長期無條件的容忍、溺愛他，希望他能因此學習為自己的行為和未來負起責任。

孩子可以這樣做

- 請認真思考、揣想弟弟的個性好惡與弱點，學習用比較間接、委婉的方式去勸弟弟。
- 多方收集專家、學者對類似情況的建議，整理後，好好分析給父母聽，提供他們參考，看是否能共同商討出可執行的對策。

國家圖書館預行編目資料

想在愛前面：成功的教養是給有準備的父母／梁旅珠著. --初版. --臺北市：寶瓶文化, 2014. 07
面；　公分. --（catcher：67）
ISBN 978-986-5896-81-2（平裝）
1. 親職教育 2. 子女教育 3. 親子溝通

528. 2　　103014071

catcher 067

想在愛前面——成功的教養是給有準備的父母

作者／梁旅珠
主編／張純玲

發行人／張寶琴
社長兼總編輯／朱亞君
主編／張純玲・簡伊玲
編輯／賴逸娟・丁慧瑋
美術主編／林慧雯
校對／張純玲・陳佩伶・吳美滿・梁旅珠
企劃副理／蘇靜玲
業務經理／李婉婷
財務主任／歐素琪　業務專員／林裕翔
出版者／寶瓶文化事業股份有限公司
地址／台北市110信義區基隆路一段180號8樓
電話／(02) 27494988　傳真／(02) 27495072
郵政劃撥／19446403　寶瓶文化事業股份有限公司
印刷廠／世和印製企業有限公司
總經銷／大和書報圖書股份有限公司　電話／(02) 89902588
地址／新北市五股工業區五工五路2號　傳真／(02) 22997900
E-mail／aquarius@udngroup.com

法律顧問／理律法律事務所陳長文律師、蔣大中律師
如有破損或裝訂錯誤，請寄回本公司更換
著作完成日期／二〇一四年四月
初版一刷日期／二〇一四年七月
初版三刷日期／二〇一四年七月三十一日
ISBN／978-986-5896-81-2
定價／三三〇元

AQUARIUS 寶瓶文化事業

愛書人卡

感謝您熱心的為我們填寫，
對您的意見，我們會認真的加以參考，
希望寶瓶文化推出的每一本書，都能得到您的肯定與永遠的支持。

系列：catcher 067　**書名：想在愛前面——成功的教養是給有準備的父母**

1. 姓名：＿＿＿＿＿＿＿＿　性別：□男　□女

2. 生日：＿＿年＿＿月＿＿日

3. 教育程度：□大學以上　□大學　□專科　□高中、高職　□高中職以下

4. 職業：＿＿＿＿＿＿＿

5. 聯絡地址：＿＿＿＿＿＿＿＿＿＿＿＿＿＿＿＿＿＿＿＿

   聯絡電話：＿＿＿＿＿＿＿＿　手機：＿＿＿＿＿＿＿＿

6. E-mail信箱：＿＿＿＿＿＿＿＿＿＿＿＿＿＿＿＿

   □同意　□不同意　免費獲得寶瓶文化叢書訊息

7. 購買日期：＿＿ 年 ＿＿ 月 ＿＿日

8. 您得知本書的管道：□報紙／雜誌　□電視／電台　□親友介紹　□逛書店　□網路　□傳單／海報　□廣告　□其他

9. 您在哪裡買到本書：□書店，店名＿＿＿＿＿＿　□劃撥　□現場活動　□贈書　□網路購書，網站名稱：＿＿＿＿＿＿　□其他＿＿＿＿＿

10. 對本書的建議：（請填代號　1. 滿意　2. 尚可　3. 再改進，請提供意見）

    內容：＿＿＿＿＿＿＿＿＿＿＿＿

    封面：＿＿＿＿＿＿＿＿＿＿＿＿

    編排：＿＿＿＿＿＿＿＿＿＿＿＿

    其他：＿＿＿＿＿＿＿＿＿＿＿＿

    綜合意見：＿＿＿＿＿＿＿＿＿＿＿＿＿＿＿＿＿＿＿＿＿＿＿＿

11. 希望我們未來出版哪一類的書籍：＿＿＿＿＿＿＿＿＿＿＿＿＿＿＿＿

讓文字與書寫的聲音大鳴大放

寶瓶文化事業股份有限公司

（請沿此虛線剪下）

廣 告 回 函
北區郵政管理局登記
證北台字15345號
免貼郵票

寶瓶文化事業股份有限公司收

110台北市信義區基隆路一段180號8樓

8F,180 KEELUNG RD.,SEC.1,

TAIPEI.(110)TAIWAN R.O.C.

（請沿虛線對折後寄回，或傳真至02-27495072。謝謝）